2021年
佛山市版权产业
发展报告

本书编委会 著

中国书籍出版社
China Book Press

图书在版编目(CIP)数据

2021年佛山市版权产业发展报告 / 本书编委会著 —— 北京：中国书籍出版社，2023.11
ISBN 978-7-5068-9227-8

Ⅰ.①2… Ⅱ.①本… Ⅲ.①版权—产业—调查报告—佛山—2021 Ⅳ.①G239.276.53

中国国家版本馆CIP数据核字(2023)第205544号

2021年佛山市版权产业发展报告

本书编委会　著

责任编辑	杨铠瑞
责任印制	孙马飞　马　芝
封面设计	东方美迪
出版发行	中国书籍出版社
地　　址	北京市丰台区三路居路97号（邮编：100073）
电　　话	（010）52257143（总编室）　　（010）52257140（发行部）
电子邮箱	eo@chinabp.com.cn
经　　销	全国新华书店
印　　刷	北京九州迅驰传媒文化有限公司
开　　本	710毫米×1000毫米　1/16
字　　数	90千字
印　　张	5.75
版　　次	2023年11月第1版　2023年11月第1次印刷
书　　号	ISBN 978-7-5068-9227-8
定　　价	40.00元

版权所有　翻印必究

本书编委会

主　编：黄晓新
副主编：赵　冰
执笔人：赵　冰　杨　昆　郝丽美　张晓斌
　　　　杨冬梅　王卉莲　苏唯玮

前　言

佛山市自2019年底获批创建全国版权示范城市以来，全面加快推动版权工作和版权产业发展，促进版权创造、运用、保护、管理与服务全链条提升，各项工作取得明显成效。受佛山市委宣传部（佛山市版权局）委托，中国新闻出版研究院继2019年度之后又开展了2021年佛山市版权产业调研工作，通过量化研究与质性研究相结合的方式，测算佛山市版权产业经济贡献的发展情况，掌握版权产业发展的新特点、新趋势，为提升全市版权工作水平、推动版权产业创新发展提供参考。

调研成果显示，2021年佛山市版权产业实现平稳发展，行业增加值占全市GDP的6.78%，就业人数占全市就业人数的6.72%，商品出口额占全市商品出口额的7.35%，版权产业为全市经济稳中向好运行态势提供了有力支撑，在推动现代产业体系创新发展和转型升级中发挥了积极作用，佛山市版权工作水平走在全国前列。

本书为该调研项目的成果。全书共分为四章：第一章对版权产业的概念及调研方法进行介绍；第二章对2021年佛山市版权产业的经济贡献进行介绍；第三章结合行业调研和文献资料，对 2021 年佛山市版权产业的主要行业发展情况进行分析梳理；第四章对 2021 年佛山市版权产业发展的特点进行总结概括。

目 录

第一章　版权产业的概念与调研方法 …………… 1
　　一、版权产业概念与分类 ………………………… 1
　　二、版权产业与文化产业的关系 ………………… 4
　　三、版权产业调研方法 …………………………… 8

第二章　2021年佛山市版权产业的经济贡献数据 …… 12
　　一、行业增加值 …………………………………… 12
　　二、就业人数 ……………………………………… 15
　　三、商品进出口额 ………………………………… 17

第三章　2021年佛山市版权产业主要行业发展情况 … 25
　　一、新闻出版 ……………………………………… 26
　　二、影视 …………………………………………… 32
　　三、创意设计 ……………………………………… 36
　　四、电子信息 ……………………………………… 41
　　五、泛家居 ………………………………………… 45
　　六、博物馆 ………………………………………… 54

第四章　2021年佛山市版权产业发展的总体分析 ……60

一、版权产业保持增长态势，占全市GDP比重稳步提升 …………………………………………………60

二、核心版权产业方兴未艾，助力制造业创新发展… 61

三、泛家居产业驰名中外，数字化智能化转型加速… 64

四、版权产业出口攀升，视听电子产品输出势头强劲… 66

五、版权助推产业创新，优秀版权作品持续涌现 … 67

附　录　版权产业的具体分类…………………………70

附表1　与国民经济行业分类对应的核心版权产业具体分类 …………………………………………70

附表2　与国民经济行业分类对应的相互依存的版权产业具体分类 ……………………………74

附表3　与国民经济行业分类对应的部分版权产业具体分类 …………………………………………76

附表4　与国民经济行业分类对应的非专用支持产业具体分类 ………………………………………81

参考文献 ……………………………………………………82
后　记 ………………………………………………………84

第一章　版权产业的概念与调研方法

本项目按照世界通行的方法，对2021年佛山市版权产业的经济贡献进行测算分析，在版权产业的概念、范围、分类、测算指标与方法上均与世界知识产权组织出版的《版权产业的经济贡献调研指南》（以下简称"WIPO指南"）保持一致。此外，为全面分析2021年佛山市版权产业的发展特点，本项目在量化研究基础之上采用了质性研究方法，通过行业调研等方式，全面考察总结佛山市版权产业的发展状况。

一、版权产业概念与分类

根据世界知识产权组织的定义，版权产业是"版权可发挥显著作用的活动或产业"[1]，分为核心版权产业、相互依存的版权产业、部分版权产业、非专用支持产业共4类。

---

[1] 世界知识产权组织. 版权产业的经济贡献调研指南[M]. 北京：法律出版社，2006：132.

（一）核心版权产业

核心版权产业是完全从事作品及其他受保护客体的创作、制作和制造、表演、广播、传播和展览或销售和发行的产业，包括9个产业组：文字作品，音乐、戏剧制作、曲艺、舞蹈和杂技，电影和影带，广播和电视，摄影，软件和数据库，美术与建筑设计、图形和模型作品，广告服务，版权集体管理与服务[①]。

（二）相互依存的版权产业

相互依存的版权产业是从事制作、制造和销售其功能完全或主要是为作品及其他受版权保护客体的创作、制作和使用提供便利的设备的产业，包括以下7个产业组：电视机、智能手机、收音机、录像机、CD播放机、DVD播放机、磁带播放机、电子游戏设备以及其他类似设备，计算机和有关设备，乐器，照相和电影摄影器材，复印机，空白录音介质，纸张[②]。

[①] 世界知识产权组织.版权产业的经济贡献调研指南[M].北京：法律出版社，2006：42-45.本项目对世界知识产权组织的分类名称进行了部分调整，包括将"新闻和文学作品"改为"文字作品"，将"音乐、戏剧制作、歌剧"改为"音乐、戏剧制作、曲艺、舞蹈和杂技"，将"视觉和绘画艺术"改为"美术与建筑设计、图形和模型作品"，将"版权集体管理协会"改为"版权集体管理与服务"。

[②] 世界知识产权组织.版权产业的经济贡献调研指南[M].北京：法律出版社，2006：47-48.

（三）部分版权产业

部分版权产业是部分活动与作品或其他受版权保护客体相关的产业，包括10个产业组：服装、纺织品与制鞋，珠宝和硬币，其他手工艺品，家具，家庭用品、陶瓷和玻璃，墙纸与地毯，玩具与游戏用品，建筑、工程、调查，内部装修设计，博物馆[①]。

（四）非专用支持产业

非专用支持产业是部分活动与促进作品及其他版权保护客体的广播、传播、发行或销售相关且这些活动没有被纳入核心版权产业的产业。这些产业计量的是远离核心版权产业的溢出效果，它们的职能是版权产业与其他产业共享的。非专用支持产业包括3个产业组：一般批发和零售产业，一般运输产业，电话和互联网产业[②]。

版权产业的具体分类详见附录。

[①] 世界知识产权组织. 版权产业的经济贡献调研指南 [M]. 北京：法律出版社，2006：48-49.
[②] 世界知识产权组织. 版权产业的经济贡献调研指南 [M]. 北京：法律出版社，2006：50-51.

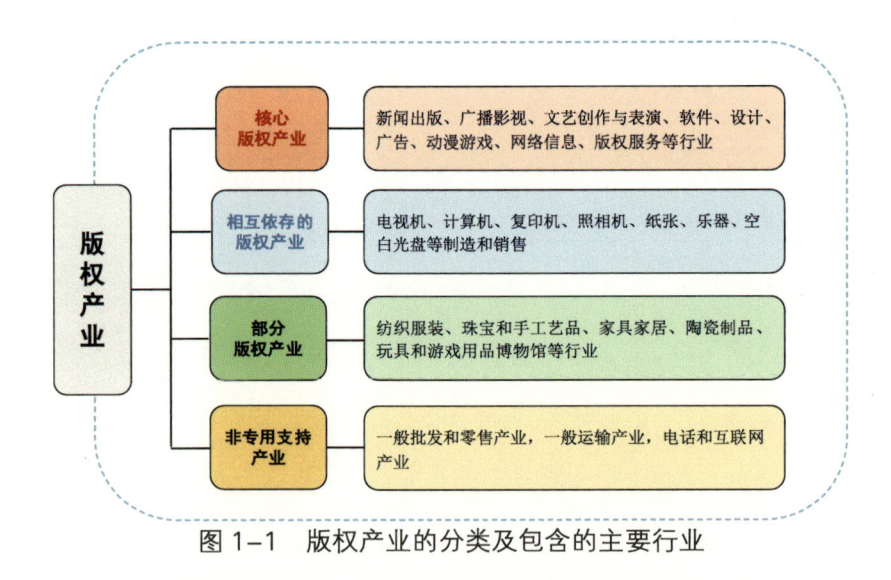

```
                    ┌─────────────┬─────────────────────────────────────┐
                    │  核心       │ 新闻出版、广播影视、文艺创作与表演、软件、设计、│
                    │  版权产业    │ 广告、动漫游戏、网络信息、版权服务等行业      │
                    ├─────────────┼─────────────────────────────────────┤
         版        │  相互依存的  │ 电视机、计算机、复印机、照相机、纸张、乐器、空│
         权        │  版权产业    │ 白光盘等制造和销售                      │
         产        ├─────────────┼─────────────────────────────────────┤
         业        │  部分        │ 纺织服装、珠宝和手工艺品、家具家居、陶瓷制品、│
                    │  版权产业    │ 玩具和游戏用品博物馆等行业                │
                    ├─────────────┼─────────────────────────────────────┤
                    │  非专用支持  │ 一般批发和零售产业，一般运输产业，电话和互联网│
                    │  产业        │ 产业                                  │
                    └─────────────┴─────────────────────────────────────┘
```

图 1-1 版权产业的分类及包含的主要行业

二、版权产业与文化产业的关系

我国自 2004 年制定了《文化及相关产业分类》，建立起文化产业调查统计制度，为文化强国建设提供数据支持。党的十八大以来，党中央十分重视文化产业发展，党的二十大报告再次提出要繁荣发展文化事业和文化产业，健全现代文化产业体系和市场体系。中共中央、国务院印发的《知识产权强国建设纲要（2021—2035 年）》将版权产业占 GDP 的比重作为知识产权强国建设的主要发展目标之一。文化产业与版权产业在我国高质量发展中的地位更加凸显。从概念表述上看，文化产业与版权产业虽然各有侧重，但从推动创新发展、促进文化繁荣的角度来看，两者又具有密切的联系，特别是文化产业核心领域与核心版权产业在行业范围上重合度较高。为理顺文化产

第一章　版权产业的概念与调研方法

业与版权产业的关系，现将两者的概念与范围做一简要说明。

（一）版权产业与文化产业概念的渊源

1. 文化产业

文化产业的概念最早于20世纪40年代由德国法兰克福学派提出。20世纪八九十年代以来，发达国家纷纷将文化产业作为提升国家竞争力、国际影响力和文化输出的重要产业大力发展。1986年，联合国教科文组织制定《文化统计框架》，此后进行多次修订。这套统计框架明确文化产业的范围与类别，成为各国进行文化产业分类和统计的指导性文件。但该框架只涉及对文化产业的范围界定及行业分类，缺少数据采集、指标测算等具体方法，没有达成各国文化产业量化研究的统一标准。

在我国，文化产业的概念是根据文化建设和文化体制改革的需要提出的。2004年以前，我国对文化产业缺乏科学、统一的分类标准，各地区、各部门对文化产业的定义和范围的界定区别较大，导致统计数据相差悬殊。2004年，国家统计局在与有关部门共同研究的基础上，依据《国民经济行业分类》（GB/T 4754—2002），制定了《文化及相关产业分类（2004）》，并作为国家统计标准颁布实施。该分类第一次明确了我国文化产业的统计范围、层次、内涵和外延。此后国家统计局分别于2012年、2018年对文化产业分类进行了两次修订，目前执行的是《文化及相关产业分类（2018）》。

2. 版权产业

版权产业的概念最早出现于 20 世纪 70 年代，自瑞典和加拿大开展首次版权产业研究以来，多个国家先后开展了类似研究。2003 年，为便于量化研究与国际比较，世界知识产权组织吸收各国专家意见，出版了《版权产业的经济贡献调研指南》（2015 年进行修订），统一了版权产业的概念、范围、分类与测算方法。在世界知识产权组织的推动下，目前世界上已有包括我国及美国、俄罗斯、加拿大、澳大利亚、芬兰、法国等在内的 40 多个国家和地区按照 WIPO 指南开展研究。

我国版权产业的概念、范围、分类与测算方法与 WIPO 指南完全一致，只是结合我国著作权法关于作品类型的界定和我国国民经济的行业分类，对版权产业的行业小类进行了微调。

从两个概念的渊源可以看出，文化产业与版权产业都不是新的产业部门，而是不同的国际组织、国家、部门，从不同角度、不同侧重点，根据各自的定义与范围划定的诸多产业部门的集合。版权产业的经济贡献有国际通行的调研方法（WIPO 指南的研究体系比较完备成熟，因而被多数国家采用），便于国际比较；文化产业只有统计分类框架，各国的统计、研究没有统一标准，缺少可比性。

（二）我国版权产业与文化产业范围分类的比较

由于侧重点不同，版权产业与文化产业包含的产业类别有所不同。版权产业聚焦于版权制度，指那些版权可发挥显著作用的活动或产业，强调创新，与是否具有文化属性无关；文化产业聚焦于具有文化内涵和文化传承的行业，以满足人们精神需求的文化产品为核心，因而将那些虽然具有创造性但无文化内涵的行业排除在外。以软件产业为例，软件是受版权法保护的作品，因具有独创性而属于版权产业的范畴。但大多数软件由于缺乏文化内涵未被包含进文化产业，仅多媒体、游戏动漫和数字出版软件因具有文化属性而被纳入文化产业。

通过比较我国版权产业经济贡献调研方法和《文化及相关产业分类（2018）》，版权产业涉及的类别更广，包含约300个行业小类；文化产业涉及的行业比版权产业小，包含约156个行业小类。两者行业构成主要包括三种情况，图1-2可以比较直观地反映这一情况。

1. 两者重合的行业。大部分集中在文化艺术、新闻出版、印刷复制发行、广播影视、设计广告、动漫游戏、工艺美术、相关设备生产等方面，约120个行业小类。

2. 版权产业包含但文化产业不包含的行业。主要是版权依赖度高而文化关联度低的行业，例如软件和信息技术服务、计算机设备、通信终端设备、复印机、空白录音介质、纸张、纺织服装、家具、陶瓷（约150个行业小类）以及一般批发零售、交通运输、电话和互联网等非专用支持产业等。

3. 文化产业包含但版权产业不包含的行业。主要是与文化产品高度相关但无版权属性的行业，例如景区游览服务、休闲观光服务、文具笔墨、婚庆典礼、焰火鞭炮等，约36个行业小类。

版权产业　　　　　文化产业

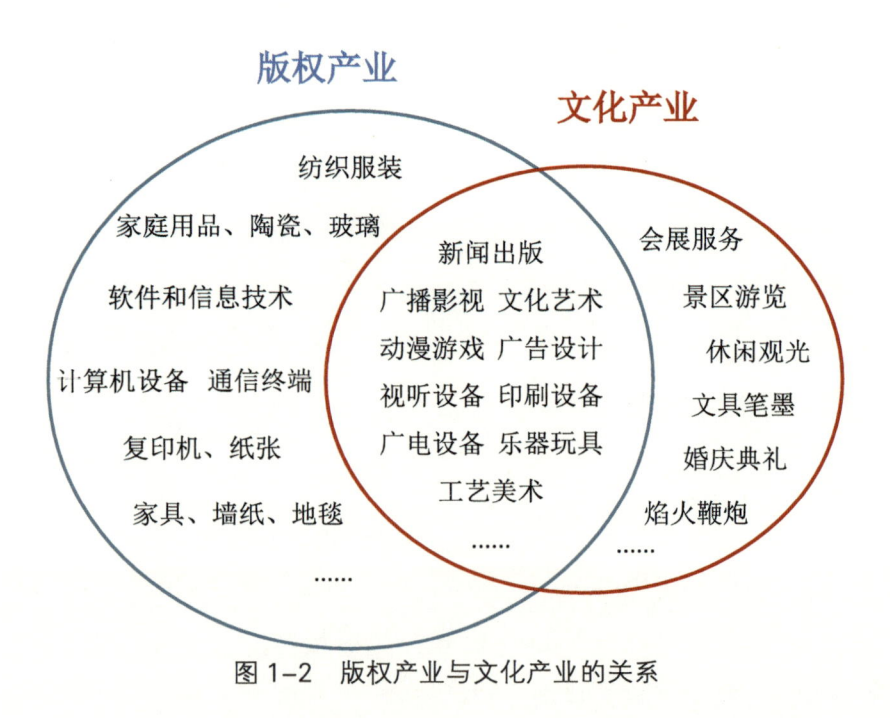

- 纺织服装
- 家庭用品、陶瓷、玻璃
- 软件和信息技术
- 计算机设备　通信终端
- 复印机、纸张
- 家具、墙纸、地毯
- ……

- 新闻出版
- 广播影视　文化艺术
- 动漫游戏　广告设计
- 视听设备　印刷设备
- 广电设备　乐器玩具
- 工艺美术
- ……

- 会展服务
- 景区游览
- 休闲观光
- 文具笔墨
- 婚庆典礼
- 焰火鞭炮
- ……

图 1-2　版权产业与文化产业的关系

三、版权产业调研方法

按照 WIPO 指南，版权产业调研指标包括行业增加值、就业人数和进出口额三项。为更好反映佛山市版权产业的发展特点与趋势，本项目在量化研究基础之上还采用了行业调研等质性研究方法，对 2021 年佛山市版权产业的发展情况进行深入研究。

（一）指标解析

按照 WIPO 指南，本项目采用了行业增加值、就业人数和进出口额这三项指标测算佛山市版权产业的经济贡献。行业增加值是国民经济核算的一项重要指标；就业人数反映版权产业为社会提供的就业机会；进出口包括商品进出口和服务进出口两类，由于现有服务进出口的数据难以获取，本项目以商品进出口额为出口的主要指标。这三项指标互为补充，能基本反映出佛山市版权产业的经济贡献。

（二）数据来源

本项目以统计、海关、宣传、工信、文旅、广电、市场监管等行业主管部门和行业协会提供的官方数据为主要依据，主要包括《佛山统计年鉴》、全市经济普查数据、海关商品进出口数据以及相关行业数据等。这些官方数据是三项经济指标测算的主要依据。此外，本项目也搜集了大量非官方的统计数据，如相关行业研究机构的产业分析报告等。这些数据不作为测算依据，仅作为对有关行业进行横纵向分析的参考数据。

（三）测算方法

在量化研究方面，按照 WIPO 指南中介绍的方法和我国国民经济核算方法，测算 2021 年佛山市版权产业的行业增加值、就业人数以及商品进出口额。行业增加值和就业人数根据国民经济行业分类中的行业小类数据进行汇总测算。商品进出口额根据海关部门提供的出口数据，在海关统计商品 8 位代码水平的基础上对进出口数据进行汇总测算。

（四）版权因子

WIPO 指南认为，在进行版权产业经济贡献分析时，必须考虑将不能完全归入版权范畴的成分排除在外，核心版权产业之外的其他版权产业的经济贡献不可以被 100% 计入。针对这一情况，WIPO 指南提出了版权因子的概念，把版权在某一特定产业中的份额或者对版权的依赖程度称之为版权因子。版权因子是以百分比的形式来表示某一特定产业中可归因于版权活动的部分[①]。因此，除核心版权产业的版权因子为 100% 以外，相互依存的版权产业、部分版权产业和非专用支持产业中各个产业组的版权因子根据各地实际情况分别确定。

本项目在开展相关实地调研的基础上，参考中国版权产业的经济贡献调研项目，确定了佛山市版权产业各产业组的版权因子。其中，相互依存的版权产业和部分版权产业中产业组的版权因子根据相关行业对版权依赖程度的不同而有所差异；非专用支持产业的版权因子根据 WIPO 指南提供的公式计算确定。本项目中佛山市版权产业的行业增加值、就业人数以及商品进出口额均为乘以版权因子之后的数额。

（五）质性研究

除量化研究之外，本项目还进行质性研究，主要方法包括

---

① 世界知识产权组织. 版权产业的经济贡献调研指南 [M]. 北京：法律出版社，2006：132.

文献研究、实地调研、深度访谈等,搜集相关行业的研究文献,获取比较典型的企业和案例材料,作为量化研究的补充与延伸。

第二章 2021年佛山市版权产业的经济贡献数据

根据调研，佛山市版权产业主要包括新闻出版、影视、工业设计、游戏电竞、软件、电子信息制造、纺织服装、陶瓷、家具、博物馆、传统手工艺等行业。按照第一章所述的调研方法，课题组对2021年佛山市版权产业的经济贡献进行了测算。数据显示，2021年佛山市版权产业的行业增加值为824.08亿元人民币，占全市GDP的6.78%；就业人数为40.41万人，占全市就业人数的6.72%；商品出口额为56.87亿美元，占全市商品出口额的7.35%（详见表2-1）[①]。

一、行业增加值

2021年，佛山市版权产业的行业增加值为824.08亿元人民币，比2019年增长16.08%；占全市GDP的6.78%，比2019年提高0.18个百分点；2021年佛山市版权产业行业增加

[①] 如无特殊说明，佛山市版权产业数据均为本课题组的调研成果，2021年佛山市GDP、就业人数和商品进出口数据分别来源于《2022佛山统计年鉴》，2019年佛山市数据来源于《2020佛山统计年鉴》。

第二章 2021年佛山市版权产业的经济贡献数据

值及占全市 GDP 比重较 2019 年变化情况详见图 2-1、2-2。

表 2-1 2021 年佛山市版权产业的经济贡献主要数据①

类　别②	行业增加值 数值（亿元人民币）	行业增加值 占全市比重	就业人数 数值（万人）	就业人数 占全市比重	商品出口额 数值（亿美元）	商品出口额 占全市比重
核　心	463.32	3.81%	18.13	3.02%	0.35	0.05%
相互依存	85.61	0.70%	4.95	0.82%	14.53	1.88%
部　分	193.07	1.59%	9.16	1.53%	41.99	5.43%
非专用支持	82.08	0.68%	8.17	1.36%	—	—
合　计	824.08	6.78%	40.41	6.72%	56.87	7.35%

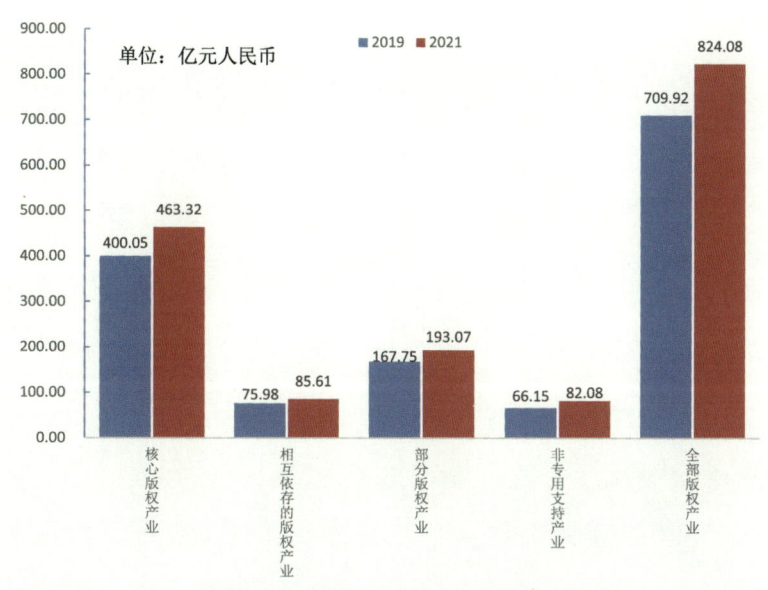

图 2-1 2021 年佛山市版权产业各类别增加值与 2019 年的比较

---

① 本报告中部分数据因四舍五入的原因，分项相加与合计数之间、相加或相减可能有细微差别，未作机械调整。
② 核心指核心版权产业，相互依存指相互依存的版权产业，部分指部分版权产业，非专用支持指非专用支持产业，合计指全部版权产业。

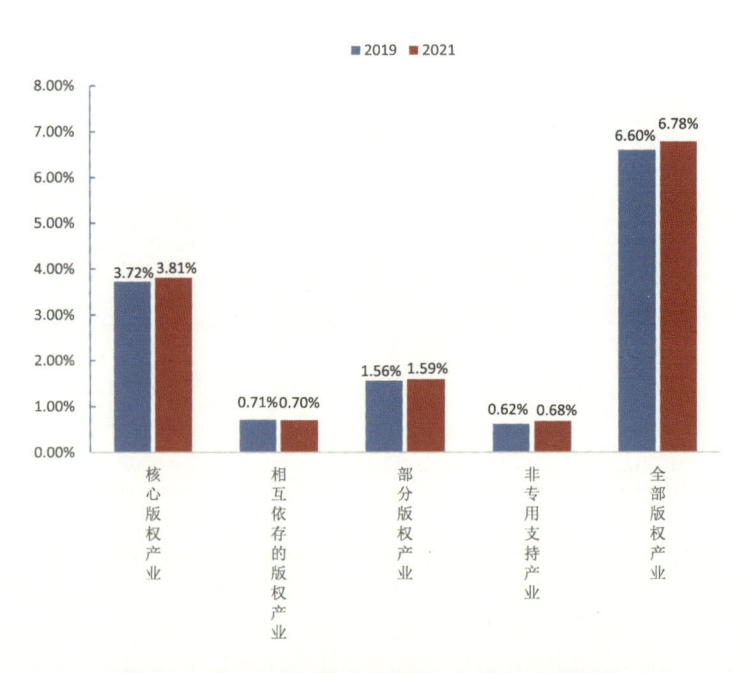

图 2-2　2021 年佛山市版权产业各类别增加值占全市 GDP 比重与 2019 年的比较

从行业增加值来看，核心版权产业是佛山市版权产业的主体。2021 年，佛山市核心版权产业的行业增加值为 463.32 亿元人民币，占全部版权产业的 56%，占全市 GDP 的 3.81%；相互依存的版权产业的行业增加值为 85.61 亿元人民币，占全部版权产业的 10%，占全市 GDP 的 0.70%；部分版权产业的行业增加值为 193.07 亿元人民币，占全部版权产业的 24%，占全市 GDP 的 1.59%；非专用支持产业的行业增加值为 82.08 亿元人民币，占全部版权产业的 10%，占全市 GDP 的 0.68%（详见图 2-3）。

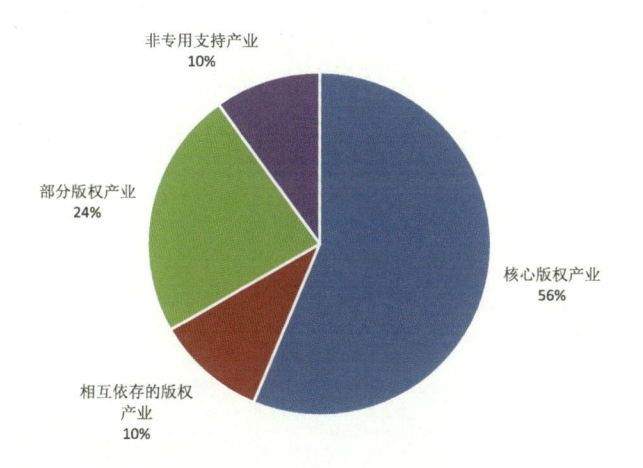

图 2-3　2021 年佛山市版权产业行业增加值的内部构成

二、就业人数

2021 年，佛山市版权产业就业人数为 40.41 万人，比 2019 年增长 8.75%，占全市就业人数的 6.72%，比 2019 年下降 0.27 个百分点。2021 年佛山市版权产业就业人数及占全市比重较 2019 年变化情况详见图 2-4、2-5。

2021年佛山市版权产业发展报告

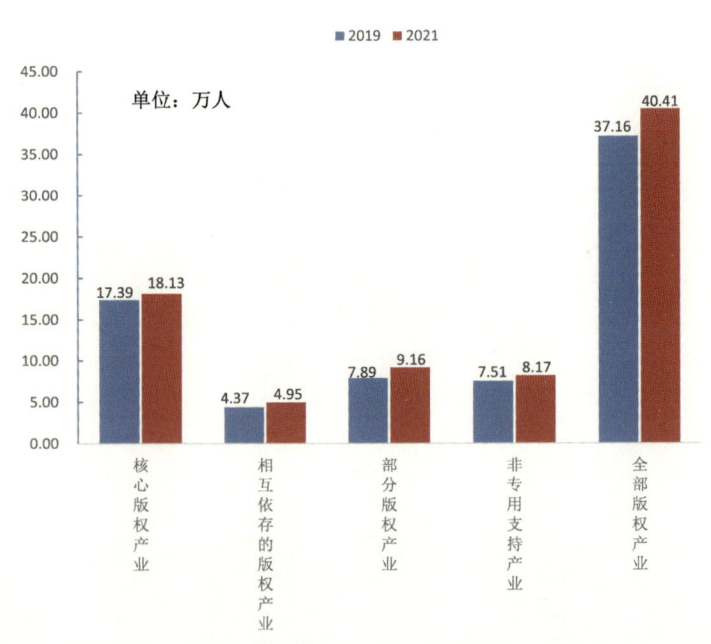

图 2-4　2021 年佛山市版权产业各类别就业人数与 2019 年的比较

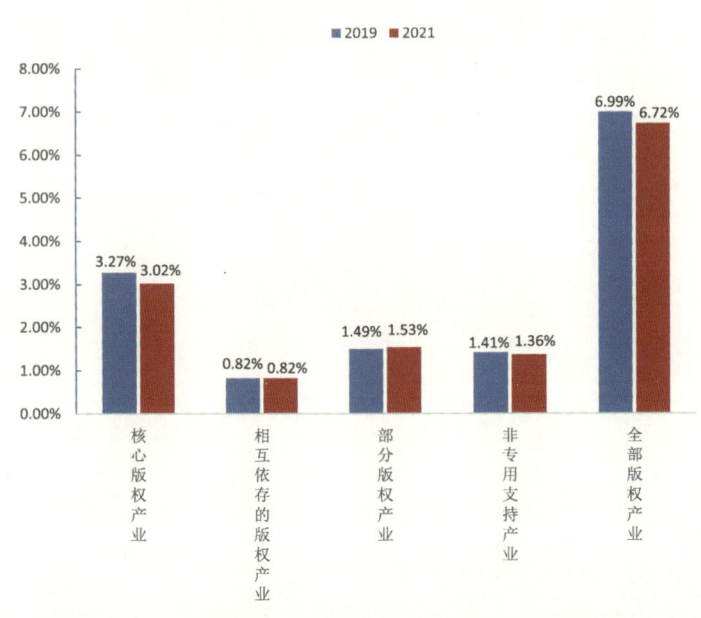

类别	2019（万人）	2021（万人）
核心版权产业	17.39	18.13
相互依存的版权产业	4.37	4.95
部分版权产业	7.89	9.16
非专用支持产业	7.51	8.17
全部版权产业	37.16	40.41

图 2-5　2021 年佛山市版权产业各类别就业人数占全市比重与 2019 年的比较

类别	2019	2021
核心版权产业	3.27%	3.02%
相互依存的版权产业	0.82%	0.82%
部分版权产业	1.49%	1.53%
非专用支持产业	1.41%	1.36%
全部版权产业	6.99%	6.72%

从就业人数来看，核心版权产业在佛山市版权产业中的比重最大。2021年，佛山市核心版权产业的就业人数为18.13万人，占全部版权产业的45%，占全市就业人数的3.02%；相互依存的版权产业的就业人数为4.95万人，占全部版权产业的12%，占全市就业人数的0.82%；部分版权产业的就业人数为9.16万人，占全部版权产业的23%，占全市就业人数的1.53%；非专用支持产业的就业人数为8.17万人，占全部版权产业的20%，占全市就业人数的1.36%（详见图2-6）。

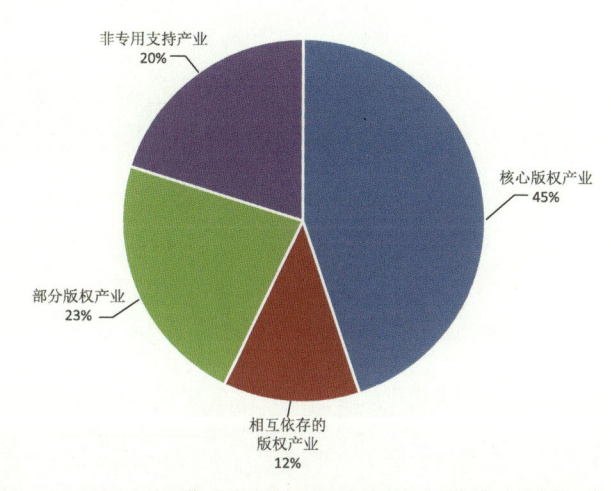

图2-6 2021年佛山市版权产业就业人数的内部构成

三、商品进出口额

2021年，佛山市版权产业的商品进出口额为58.28亿美元，比2019年增长194.74%；占全市进出口总额的6.12%，比2019年提高3.30个百分点。其中，出口额为56.87亿美元，占进出口额的98%；进口额为1.41亿美元，占进出口额的2%；版权产业实现贸易顺差55.45亿美元（详见图2-7、2-8）。

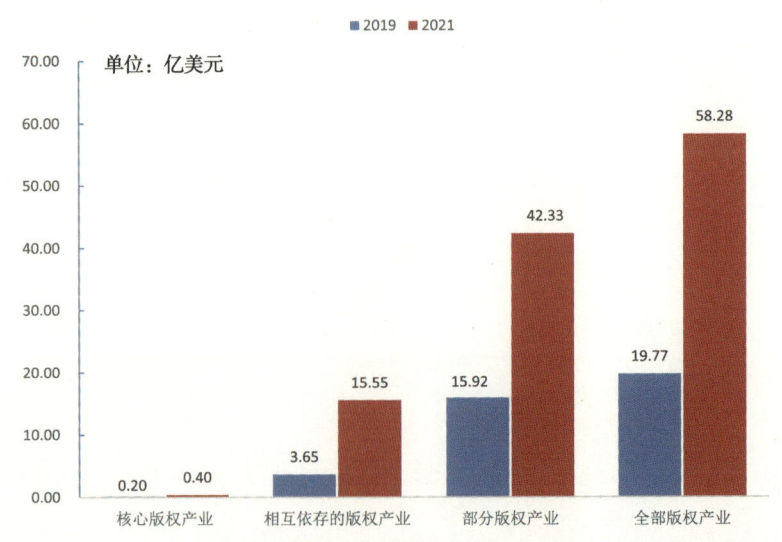

图 2-7　2021 年佛山市版权产业商品进出口额与 2019 年的比较

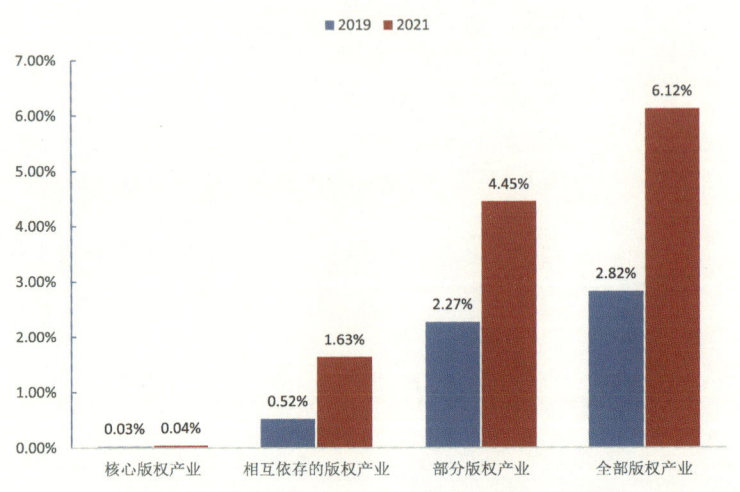

图 2-8　2021 年佛山市版权产业商品进出口额占全市比重与 2019 年的比较

第二章　2021年佛山市版权产业的经济贡献数据

（一）商品出口额

2021年，佛山市版权产业的商品出口额为56.87亿美元，比2019年增长196.13%；占全市出口总额的7.35%，比2019年提高3.80个百分点。2021年佛山市版权产业商品出口额及占全市比重较2019年变化情况详见图2-9、2-10。

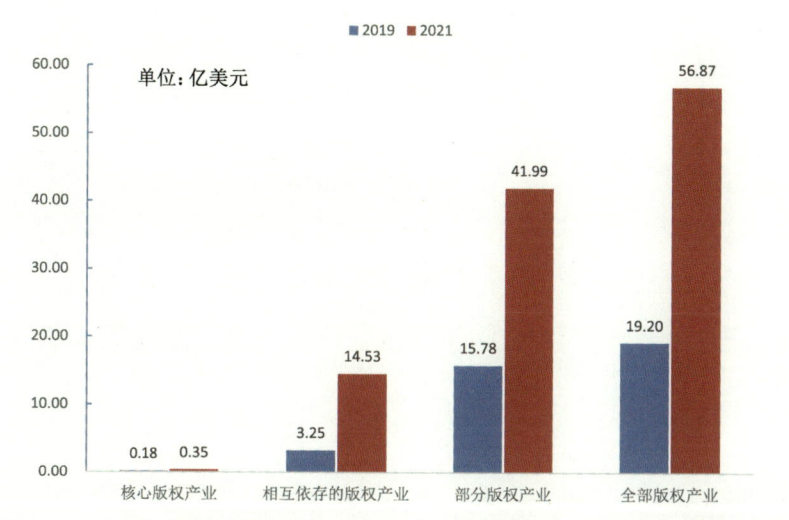

图2-9　2021年佛山市版权产业各类别商品出口额与2019年的比较

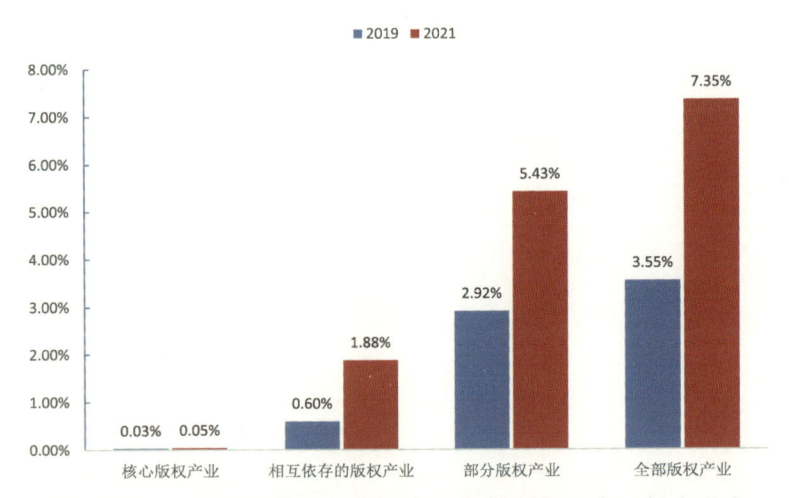

图 2-10　2021 年佛山市版权产业各类别商品出口额占全市比重与 2019 年的比较

从商品出口额来看，部分版权产业对佛山市版权产业的贡献最为明显。2021 年，佛山市部分版权产业的商品出口额为 41.99 亿美元，占全部版权产业的 74%，占全市出口总额的 5.43%；相互依存的版权产业的商品出口额为 14.53 亿美元，占全部版权产业的 25%，占全市出口总额的 1.88%；核心版权产业的商品出口额为 0.35 亿美元，占全部版权产业的 1%，占全市出口总额的 0.05%（详见图 2-11）。

第二章　2021年佛山市版权产业的经济贡献数据

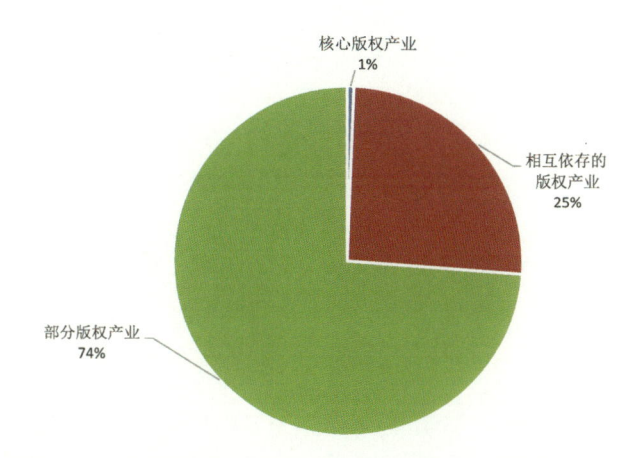

图 2-11　2021 年佛山市版权产业商品出口额的内部构成

佛山市版权产业出口额较高的商品主要是玩具和游戏用品，家庭用品、陶瓷和玻璃，电视机、智能手机等类似设备，服装、纺织品和制鞋，家具，计算机及其设备。上述产业组的商品出口额占佛山市版权产业出口额的 92%（详见图 2-12）。

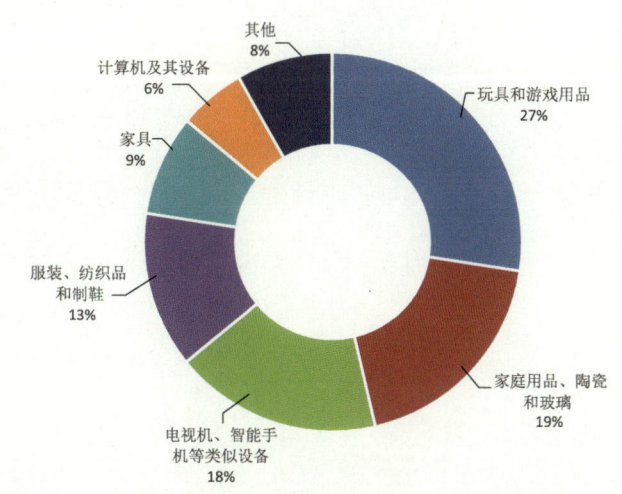

图 2-12　2021 年佛山市版权产业商品出口额的产品构成

（二）商品进口额

2021 年，佛山市版权产业的商品进口额为 1.41 亿美元，比 2019 年增长 147.88%；占全市进口总额的 0.79%，比 2019 年提高 0.43 个百分点。2021 年佛山市版权产业商品进口额及占全市比重较 2019 年变化情况（详见图 2-13、2-14）。

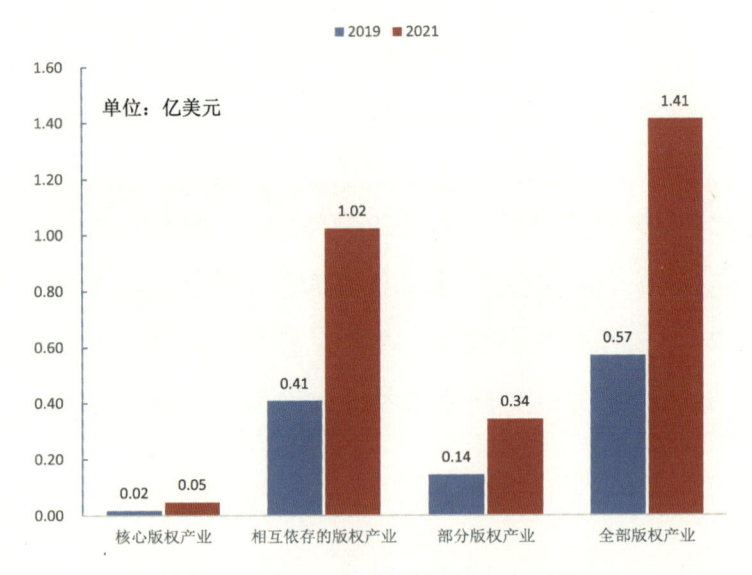

图 2-13　2021 年佛山市版权产业各类别商品进口额与 2019 年的比较

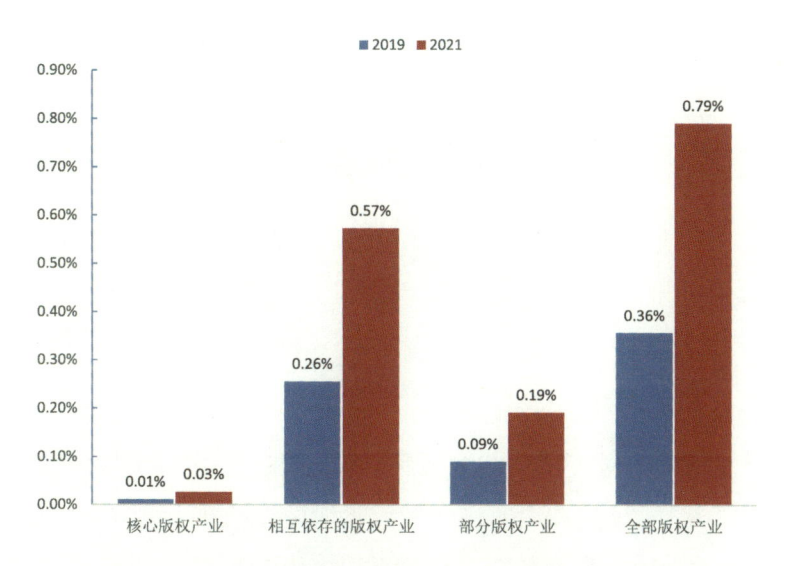

图 2-14 2021 年佛山市版权产业各类别商品进口额占全市比重与 2019 年的比较

从商品进口额来看，相互依存的版权产业对佛山市版权产业的贡献最大。2021 年，佛山市相互依存的版权产业的商品进口额为 1.02 亿美元，占全部版权产业的 73%，占全市进口总额的 0.57%；部分版权产业的商品进口额为 0.34 亿美元，占全部版权产业的 24%，占全市进口总额的 0.19%；核心版权产业的商品进口额为 0.05 亿美元，占全部版权产业的 3%，占全市进口总额的 0.03%（详见图 2-15）。

2021年佛山市版权产业发展报告

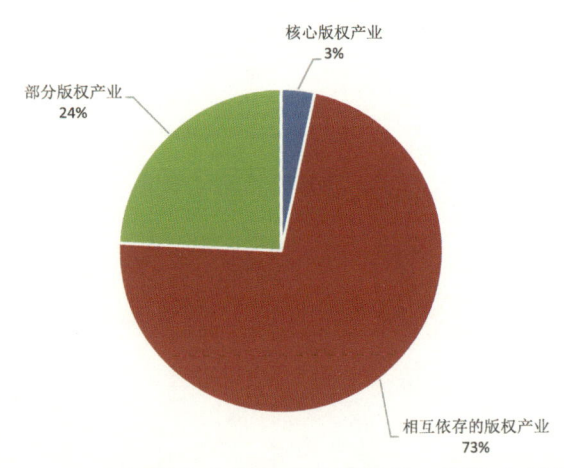

图 2-15　2021年佛山市版权产业商品进口额的内部构成

佛山市版权产业进口额较高的商品主要是复印机,电视机、智能手机等类似设备,家庭用品、陶瓷和玻璃,计算机及其设备,服装、纺织品和制鞋,家具,电影和影带。上述产业组的商品进口额占佛山市版权产业进口额的93%（详见图2-16）。

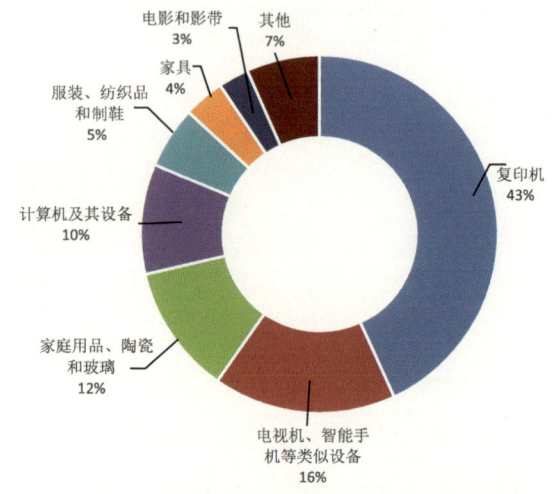

图 2-16　2021年佛山市版权产业商品进口额的产品构成

第三章　2021年佛山市版权产业主要行业发展情况

核心版权产业是版权产业中最核心、最重要的组成部分，其发展状况很大程度上反映了一个地区版权产业发展水平的高低。佛山市核心版权产业主要集中在新闻出版、软件、工业设计、影视、游戏电竞等行业。新闻出版、软件、工业设计等行业的经济贡献较为显著，影视与游戏电竞行业近年来得到各级政府的大力扶持，发展较快，产业链条得到进一步完善。此外，核心版权产业还在创建全民阅读服务体系、打造影视动漫精品、扩大佛山文化影响力等方面取得显著成绩，实现了良好的社会效益。

在相互依存的版权产业领域，近年来佛山市以粤港澳大湾区建设为契机，深化与大湾区其他城市的产业合作，大力发展新一代电子信息产业，推动超高清视频和新型显示产业不断壮大，视听电子产品制造和出口规模有所扩大，拥有广阔的发展前景。

在部分版权产业中，佛山市以纺织服装、陶瓷、家具等为代表的泛家居产业实现协同发展，起步早、规模大、品牌强，不仅在全市经济发展中占有重要地位，在全国同行业中也具有较强的竞争力，近年来更是发挥设计与品牌优势，实现传统产业创新发展，成为版权产业赋能地方经济高质量发展的典范；博物馆行业依托当地深厚的历史文化底蕴，着力提升公共文化服务水平，成为展示佛山文化的重要载体，一些工作走在全省乃至全国前列。

本章结合佛山市版权产业的特点，对2021年新闻出版、影视、创意设计（包括工业设计和游戏电竞）、电子信息（包括软件和电子信息制造业）、泛家居（包括纺织服装、陶瓷和家具）、博物馆等主要行业2021年发展情况进行介绍分析。

一、新闻出版

佛山市新闻出版产业以印刷和发行为主，是珠三角地区重要的印刷基地，在全市核心版权产业中地位突出，2021年其行业增加值占到核心版权产业的1/3左右。为努力减少新冠肺炎疫情对新闻出版行业的影响，佛山市新闻出版局印发《关于应对疫情支持出版版权企业复工复产健康发展的有关措施》，通过精准施策不断优化政务服务水平，支持佛山市新闻出版企业复工复产，印刷发行行业保持稳定发展，深入推进全民阅读工作，有效保障全市精神文化产品的正常供给，实现良好的经济效益和社会效益。

第三章　2021年佛山市版权产业主要行业发展情况

（一）印刷业规模保持总体稳定

佛山是广东省重要的印刷基地，印刷企业数量和总产值长期位居全省前列。受新冠肺炎疫情影响，2019年至2021年间，佛山市印刷业企业数量和从业人数均呈小幅下降，企业数量从2277家降至2243家，从业人数从7.37万人降至6.91万人；但工业总产值保持较快增长，从300.03亿元增长至332.95亿元，增长10.97%，印刷产业规模呈稳定发展态势[1]。

从行业构成来看，佛山市印刷业仍以包装装潢印刷品印刷为主。2021年，从事包装装潢印刷品印刷的企业数量占全市印刷业的84.96%，工业总产值占全市印刷业的91.61%；在企业数量指标上，其他印刷品印刷占比位居第2，占全市印刷业的11.29%；在工业总产值指标上，出版物印刷占比位居第2，占全市印刷业的6.91%。

从企业规模来看，2021年佛山市印刷总产值5000万元以上印刷企业数量增至108家，比2019年增加了23家，增幅27.06%；工业总产值为223.54亿元，比2019年增长15.89%，高于全市印刷业增速4.92个百分点；工业总产值占全市印刷业总产业的67.14%，比2019年提高2.85个百分点，在全市印刷业中的地位进一步凸显。

---

[1] 如无特殊说明，本部分佛山市新闻出版行业数据来源于佛山市委宣传部。

（二）实体书店实现多元化发展

近年来，佛山市各级政府鼓励实体书店发展，出台了相关奖励扶持政策。2019 年佛山市印发的《佛山市加快文化产业发展若干政策措施》鼓励实体书店融入文化旅游、创意设计、商贸物流等相关行业发展，对年营业收入超过 500 万元的，给予 10 万元补助。2020 年，佛山市新闻出版局推出复工复产十条措施，鼓励对批发企业和实体书店延期结算，引导书店申报省市级扶持项目。2021 年，南海区出台《关于促进南海区文化旅游体育产业发展的实施细则》，鼓励国内知名品牌书店落户，对成功引入知名品牌书店的，给予一次性不超过 100 万元奖励。这些鼓励扶持政策带动佛山市实体书店取得快速发展，全市书店数量从 2019 年的 569 家增长至 2021 年的 636 家，初步形成以新华书店为主体，其他民营书城和个体书店共同发展的格局[①]。

走过 70 余载的"传统老店"南海新华书店不仅举办"朗读者""故事分享会""小小图书管理员"等特色活动，还不断引入"书籍+咖啡""书籍+文创""书籍+培训"等新模式，与图书馆合作开展"你选书，我买单"等活动，满足读者多元化的文化诉求。

在 2021 年佛山市十大特色阅读空间评选中，先行书店、

---

① 数据来源：佛山市委宣传部。

今屋文创书店粤书吧、尚书阁等民营书店脱颖而出。先行书店作为佛山本地历史最优秀的民营书店，通过邀请名家进行新书线上首发暨分享会、举办"趣味相投"云换书市集、出售限量版书籍等方式，不断丰富读者的阅读体验，成为市民群众日常打卡地，并发展出环宇城、阅见先行、先行·局外人等分店。今屋文创书店着重发掘顺德本土文化，联合当地艺术家、设计师孵化出锦鲤丝巾、顺峰山公园纸雕灯、美食主题冰箱贴等文创产品，并通过"藏书吧主"等社群方式强化书店的品牌黏性。尚书阁作为一家社区书店，通过与禅城区图书馆合作共建自助书吧，读者可使用该馆借书证在书吧借阅馆藏图书，满足周边社区和学生的阅读需求。容桂艺书房在全国首次采用"书店+画廊"的复合经营模式，拥有图书阅读区、文创生活馆、画室画廊、咖啡区等空间，让市民可一站式了解和认识世界名画，还为消费者提供买书与借书等服务。

随着粤港澳大湾区建设以及广佛全域同城化发展进程的加快，国内许多知名书店品牌也纷纷落户佛山。自2017年起，西西弗和钟书阁等全国连锁精品书店先后进驻佛山，省内的广州购书中心和深圳觅书店也于近年进入佛山，其中佛山钟书阁是广东省最大的一间分店，面积超2000平方米，图书8万册左右[①]。

佛山市实体书店顺应读者消费需求变化，书店业务逐渐从

---

① 南方新闻网.网红书店为何逆势抢滩佛山？https://m.163.com/dy/article/H3N4V9GH055002GG.html.

单一商品销售向多元化服务转变，走专业化、特色化、小众化发展之路，业已成为具有影响力的城市新型阅读场所和公共文化生活空间。

（三）全民阅读工作深入推进

佛山市作为国家公共文化服务体系示范区，不断完善公共文化服务体系，将市联合图书馆体系作为全民阅读的主阵地，大力营造全民阅读氛围，书香社会建设取得进展。2021年5月1日，《佛山市公共图书馆管理办法》正式实施。这是佛山文化领域第一部政府规章，也是《公共图书馆法》实施后我国第一部市级公共图书馆立法。该办法不仅提出构建"联合图书馆体系"，还规定每年8月为佛山全民阅读月，推动全民阅读工作深入开展。

截至2021年底，佛山市联合图书馆成员馆发展至391家，同比增长12.03%，其中包括302家智能图书馆、民宿图书馆、粤书吧等新型阅读空间。2021年，171.49万人成为佛山市联合图书馆注册读者，同比增长13.36%，常住人口中注册读者率达17.84%。2021年，佛山市联合图书馆成员馆共开展活动6202场，同比增长44.64%，共计吸引241.71万人次参与。其中，线上活动场次为1361场，吸引166.81万人次参与，占活动总人次的69.01%。作为广东省公共文化服务体系示范项目，2021年佛山邻里图书馆数量发展至1330个，将超过37.1万册次公共藏书资源下沉到家庭"末梢"，共有13.4万册次图书通过邻里图书馆转借到其他读者手上，家庭自发策划开展阅读活动 1731 场。[①]

2021 年 4 月，佛山市举办了"奋斗百年路　启航新征程"全民阅读系列活动，推出"阅百年历程　传精神力量"庆祝建党百年阅读活动等 20 余项重点活动[②]；8 月，联动同办广东省"南国书香节"与"佛山市第一届全民阅读月"活动，在全市各区设置 10 个分会场，共吸引近 20 万人次走进各分会场参与活动，并依托新媒体技术及移动端平台举办线上活动，市民可通过 720 度全景 VR 沉浸式体验线上"打卡"市、区两级公共图书馆以及街巷智能图书馆、读书驿站、邻里图书馆、独立书店，有效激发了全市居民的阅读热情，带动图书及相关文化用品销售达 350 万元[③]。

佛山市全民阅读工作的开展有效带动了购买借阅数据的增长。相关数据显示，2021 年，佛山市家庭平均藏书同比增加 57.36 册；纸质图书借阅量 693.45 万册次，同比增长近七成；家庭年度阅读消费平均值为 915.72 元，同比上涨 24.76%。其中，市民数字化阅读数量持续增长，人均电子书阅读量为 10.49 册，同比增加 0.44 册，人均听书量为 5.29 册，同比增加 0.76 册；

[①] 深圳商报.佛山：全年人均阅读 12.26 册纸质书，户均藏书 172.76 册.https://baijiahao.baidu.com/s?id=1731036381926672974&wfr=spider&for=pc.

[②] 中国新闻出版广电报.2021 年佛山市全民阅读系列活动贯穿全年.https://www.chinaxwcb.com/info/571198.

[③] 佛山日报.阅读掀热潮　书香满佛山.http://epaper.fsonline.com.cn/fsrb/html/2021-09/03/content_40251_200297.htm.

7—18 岁青少年群体阅读时间增加，人均纸质书、电子书阅读量均实现增长。①

二、影　视

佛山市具有丰富的影视文化资源，近年来以南方影视中心落户为契机，大力发展影视产业，不断完善产业链条，影视创作企业数量快速增长，不仅吸引了众多影视剧来佛山取景拍摄，还推出了一批优秀的影视作品，深入开展国内外影视文化交流，在影视行业的影响力有所提升，在宣传推广佛山城市文化形象方面发挥了积极作用。

（一）不断完善影视产业链条

近年来，佛山市先后出台了《佛山市扶持影视产业发展的若干政策》《佛山市南方影视中心影视产业发展规划（2018—2025 年）》《佛山市建设粤港澳大湾区影视产业合作试验区方案》等政策，佛山市高明区也出台《佛山市高明区扶持影视产业发展规定》，影视产业链条逐渐完善。

在影视创作方面，佛山市编制了《佛山影视拍摄指南》，提供 8 类共 40 项咨询服务项目，上线全国首个融合影视拍摄服务、影视资讯发布等功能为一体的影视综合服务互联网平

---

① 深圳商报.佛山：全年人均阅读 12.26 册纸质书，户均藏书 172.76 册.https://baijiahao.baidu.com/s?id=1731036381926672974&wfr=spider&for=pc.

台——"321开机网",为影视企业提供政策解读、企业落户、演职中介等全方位、一站式服务。

近年来,佛山市成功引进博纳影业、香港国艺、广东联瑞影业、七印象影视传媒等龙头企业,精鹰传媒、宁洋影业、墨攻视效、缪柯文投等一批代表性企业崭露头角。精鹰传媒在新三板上市并成为佛山市唯一一家影视类"专精特新"企业。截至2021年底,全市影视及相关企业1750家。其中,影视制作企业1430家,比南方影视中心建设前增加1375家,全市影视规模以上企业达75家[1]。

佛山市不断优化中央广播电视总台南海影视城和西樵山国艺影视城两大影视基地,打造南海新经济小镇等10余个影视产业园区,建设近80个特色古村落和众多具有地域特征、年代感的影视取景点[2],已经吸引《狮子山下的故事》《老师好》《追龙》《全球通缉令》《狂飙》等超过900个剧组前来取景[3],打响了佛山城市的文化知名度。2021年底,《狮子山下的故事》剧组在西樵国艺影视城举行开机仪式,随后在佛山多个影视城取景,电视剧在央视一套黄金时间以及广东卫视、

---

[1] 《佛山年鉴》编纂委员会.佛山年鉴2022[M].北京:方志出版社,2022:424.
[2] 南方日报.春节档全市票房1.5亿!去年佛山电影工作"好戏"连连.https://static.nfapp.southcn.com/content/202104/02/c5051675.html?group_id=1.
[3] 佛山日报.2022年度行业电视节目优秀作品创作交流活动暨行业电视荣誉盛典在佛山举行.https://www.163.com/dy/article/HU8OLDBA0514A1CA.html.

中国香港开电视 77 台等热播。

近年来，佛山影视企业参与投资制作了《暴风》《中国医生》《八佰》《天火》《白蛇传·情》《邓小平小道》《破冰行动》《郁郁葱葱》《中国飞侠》《毛驴上树 2》等一批有影响力的电影、电视和网络视听作品。儿童电影《红尖尖》入围第 34 届中国电影金鸡奖最佳儿童片提名；《中国飞侠》《毛驴上树 2》获评国家广电总局 2020 年度优秀网络视听作品；动画电影《雄狮少年》以佛山醒狮文化为题材，因制作精良在市场中引起强烈反响，票房收入突破 2 亿元。2021 年全市有 88 个（部）广播电视与网络视听行业节目、栏目、作品获省部级以上奖项，6 部网络视听作品入选广东省"十四五"广播电视和网络视听节目重点选题和省原创网络视听精品项目库[①]。

（二）促进影视行业逐步复苏

2020 年至 2021 年期间，佛山市影视行业主管部门针对新冠肺炎疫情对行业的影响，不断优化管理服务水平，通过综合运用各种方式，全力推动影视行业纾困发展，加快行业复工复产，最大限度降低疫情对行业的影响。

一是优化在线服务，提高行政审批效率。二是出台政策，加大财税支持。三是提供金融支持，主动对接佛山本地银行，鼓励银行机构为影院复业提供信贷支撑。四是推动观影惠民，

---

① 《佛山年鉴》编纂委员会. 佛山年鉴2022[M]. 北京：方志出版社，2022：242.

联动广深共同开展"走，看电影去——广东优秀电影5元观影活动"，通过复映影片礼包、新片观影礼包、免费观影票等多种形式向市民发放电影票，总计派发40万余张优惠券给广大市民，提供免费观影票1.1万余张。

上述政策措施有效刺激了佛山市电影消费市场，带动电影放映行业不断复苏。2020年7月20日电影院正式复工之后，全年电影票房收获2.12亿元，观影人数612万人次[①]；在农村电影放映方面，2020年佛山超额完成省要求全年放映3936场的任务，总共放映电影4216场，观影人次66.1万。2021年，佛山全年共有160家电影院放映145.7万场次，观影人数达1371.7万人次，同比增长124.14%；全年电影票房合计4.98亿元，增长超过130%，在元旦、春节、中秋等节假日期间，佛山电影票房均刷新同档期最高纪录[②]。

（三）积极推动湾区影视合作

佛山市以岭南文化为纽带，积极打造粤港澳大湾区影视产业合作试验区，推动影视行业交流合作，不断融入大湾区影视产业。

在行业交流方面，2020—2021年佛山市成功举办2020年

[①] 佛山日报.佛山电影工作会议部署新一年佛山电影重点工作安排.http://www.foshan.gov.cn/zwgk/zwdt/jryw/content/post_4752733.html.
[②] 南方影视中心.60.16亿、165.55亿……大湾区电影为何总拿第一？http://www.gollywood.tv/index2017/xwzx/202203/t20220322_6387834.html.

中国（佛山）大湾区影视产业高峰论坛，承办了2021中国影视艺术高峰论坛暨中国高等教育学会影视教育专业委员会第23届年会，举行了"影载中华情 圆梦新丝路"2021国际优秀影片展映暨庆祝广东省与波兰西滨海省结好20周年活动，邀请数百名影视业界学界嘉宾及众多高端平台媒体记者齐聚佛山为影视产业发展建言献策，展示佛山优秀本土影视项目和作品。

在产学研联动方面，2020年佛山市委宣传部与广东财经大学联合建设的"湾区影视产业学院"正式揭牌，开创"政府＋高校＋行业协会＋龙头企业"的创新型办学模式。2021年，中国高等教育学会影视教育专业委员会与佛山市委宣传部签署《粤港澳大湾区影视产业发展智库战略合作协议》，整合影视行业专家队伍，助力影视产业高质量发展。2021年，佛山市联合季华实验室、广州市大湾区虚拟现实研究院、佛山文投公司共同成立佛山市南方未来电影创新研究院，在推动影视产业关键技术突破、共性技术研发、产业化示范应用等方面取得进展。

三、创意设计

工业设计、游戏电竞等行业也是佛山市核心版权产业的重要组成部分。佛山市"十四五"规划将数字创意作为全市战略性新兴产业集群之一，助力工业设计、游戏电竞等行业在推动全市新旧动能转换提速进档中发挥重要作用。工业设计行业以创意为核心资源，提供相关设计服务，游戏电竞行业以游戏版权为资源进行 IP 运营，实现游戏产品的经济价值，近年来逐渐成为佛山市创意设计产业集群的代表性行业。

（一）工业设计赋能制造业发展

佛山是全国最早布局工业设计的城市之一，先后发布实施《佛山市工业设计发展扶持专项资金管理办法》等政策文件，通过打造政府大力推进、市场有效驱动、企业协同创新、创业人才支撑的工业设计产业创新体系，工业设计发展成效显著，创新能力不断增强，产业集聚发展和创新能力水平位居全省前列。

目前，佛山市共有设计机构近千家，工业设计从业人员从 2016 年的约 2 万人增长至 2021 年的约 5 万人，5 年间翻了 1.5 倍[1]。2021 年，佛山市新增国家级工业设计中心 3 家，累计达 7 家；新增省级工业设计中心 26 家，累计达 54 家；国家级和省级工业设计中心数量位居全省前列[2]。广东工业设计城、广东泛家居设计谷、鹰创园等一批设计产业集聚区蓬勃发展。其中，广东工业设计城作为设计产业高地，设计师人数从 2012 年的 800 人增长至目前的近 9000 人，10 年间人才增长了 10 倍多，入驻企业荣获国内外设计大奖 380 余项，累积有效

---

[1] 南方日报.近 5 万工业设计者集聚佛山，设计创新拉动产值超 2500 亿元. https://static.nfapp.southcn.com/content/202209/27/c6927150.html.
[2] 佛山市网络安全和信息化协会.2021 年佛山工业设计周开幕，"市长杯"优秀作品集中亮相.https://baijiahao.baidu.com/s?id=17200217869037623 92&wfr=spider&for=pc.

专利 5000 项以上[①]，原创设计数量每年递增，原创营销收入每年以 25% 的幅度增长[②]。

佛山市自 2013 年启动首届"市长杯"工业设计大赛，已连续举办多届，是具有佛山特色、在国内具有一定影响力的工业设计品牌赛事，已成为佛山市工业设计产业的展示交流和成果转化平台，行业影响力显著提升。2021 年佛山"市长杯"工业设计大赛吸引了来自全国 89 个地区（含港澳台地区）的 170 家企业单位、超百所院校及大量自由设计师参与，搭建了线上设计成果产业化对接平台，常态化运作持续推进成果转化，助力设计创新支撑体系建设。本届大赛共征集作品 3850 件，作品涵盖家具家电、陶瓷卫浴、智能装备、数字技术等领域，其中 33.8%（1303 件）的产品已实现产业化，带动经济效益超过 100 亿元。[③]

佛山市工业设计企业依托当地制造业优势，通过工业设计为相关企业提供服务，从以提供产品外观等基础设计服务为主，向提供集外观设计、功能设计、营销设计等为一体的设计服务转变，助力企业提升产品附加值，成为众多"爆款"产品的隐

---

① 南方日报. 近 5 万工业设计者集聚佛山，设计创新拉动产值超 2500 亿元. https://static.nfapp.southcn.com/content/202209/27/c6927150.html.

② 中国新闻出版广电报. 广东工业设计城运营总经理冯家宁：设计兴"城" 版权护航. https://epaper.chinaxwcb.com/epaper/2023-04/13/content_99815135.html.

③ 佛山市网络安全和信息化协会.2021 年佛山工业设计周开幕，"市长杯"优秀作品集中亮相. https://baijiahao.baidu.com/s?id=17200217869037623 92&wfr=spider&for=pc.

形推手，在增强佛山制造业竞争力、推动制造业高质量发展中日益发挥重要作用。相关数据显示，佛山市工业设计行业拉动经济产值超过 2500 亿元[①]。

栗壳科技创新有限公司为一家企业的消毒器从外观到功能实现全方位设计升级，带动客户订单接踵而来，每台单价接近万元，拉动了超过百万元的产值。宏翼工业设计有限公司为某品牌蒸汽破壁机创造性地加入了蒸汽煮食的功能，让该产品实现了超过 3000 万元的销售额。物形工业设计科技有限公司在为一款感应灯产品提供设计时，不仅提升了产品的外观水平，还简化了原零部件制作流程，缩减制作步骤并简化生产线，使产品利润增长 70%。[②]洛客华南研发与供应链中心作为集评估、开发、设计、制作、试产等于一体的一站式综合服务平台，拥有线上注册专业设计师近 5 万人，不但为佛山制造业提供设计服务，而且还有效带动外地客户的生产制造需求对接佛山制造企业，帮助佛山制造企业打造优质产品，目前累计签约服务项目 1500 多项，签约总金额超过 8000 万元[③]。

近年来，佛山市许多工业设计企业还把设计业务拓展至海外，不断融入全球制造业的供应链，走向更广阔的国际市场。

[①] 南方日报.从爆款到名企，看工业设计如何重塑佛山制造.https://baijiahao.baidu.com/s?id=1747547588953080014&wfr=spider&for=pc.
[②] 南方日报.佛山顺德 工业设计助力"制造业当家".https://epaper.southcn.com/nfdaily/html/202212/12/content_10044322.html.
[③] 南方日报.近 5 万工业设计者集聚佛山，设计创新拉动产值超 2500 亿元.https://static.nfapp.southcn.com/content/202209/27/c6927150.html.

其中，佛山市方块工业设计有限公司的海外市场业务已占总业务近40%，组建了外籍设计师参与、熟悉外销市场的项目组，为荷兰、西班牙等欧洲品牌以及印度的热水器制造商提供品牌运营、设计和供应链整合服务[1]。国家级工业设计中心广东东方麦田工业设计股份有限公司为百事可乐、飞利浦等世界500强企业提供服务[2]。

（二）游戏电竞重点项目落地

近年来，佛山市特别是南海区加大对游戏电竞产业的扶持力度，在产业发展政策、专业场馆建设、顶级赛事落地、引入电竞头部资源、建设产业园区基地等方面持续发力，推动游戏电竞产业取得显著成绩。2021年，南海区出台了《促进电竞产业发展的实施细则》，加大对电竞产业的财政扶持力度。其中，对研发游戏或软件、电竞产业平台开发的两类项目最高扶持金额可达1000万元。

佛山市先后引进了英雄联盟职业联赛春季总决赛、第七届王者荣耀城市赛（KOC）半决赛、王者荣耀全国大赛总决赛等高规格赛事。2020年，深圳人人体育集团以及属下的王者荣耀（KPL）战队GK俱乐部落户佛山市南海区，使佛山成为广

---

[1] 南方日报.佛山顺德 工业设计助力"制造业当家".https://epaper.southcn.com/nfdaily/html/202212/12/content_10044322.html.
[2] 南方日报.近5万工业设计者集聚佛山，设计创新拉动产值超2500亿元.https://static.nfapp.southcn.com/content/202209/27/c6927150.html.

东省内继广州、深圳之后第三个拥有 KPL 战队俱乐部的城市。

良好的市场发展环境和奖励扶持政策也吸引了欢聚时代、虎牙等多家营收超百亿元的国内电竞直播头部企业落户佛山。2021 年，欢聚集团产业互联总部落户佛山三龙湾南海片区，项目建成后预计每年将为南海区带来不少于 100 亿元营业收入，并为该区域吸引全球约 8000 名高级技术人才[1]。2022 年，虎牙全球研发总部项目在佛山南海动工，包括研发总部塔楼、天空直播间、电竞文化商业街区等多个功能区，预计将为佛山带来累计 1000 亿元以上营业收入，并吸引超过 5000 名大学生员工和不少于 10 家上下游企业[2]。

四、电子信息

电子信息产业包括软件和信息技术服务业、电子信息制造业。软件和信息技术服务业主要提供各类软件和信息技术服务，属于佛山市核心版权产业，其行业增加值约占到核心版权产业的五分之一；电子信息制造业主要生产计算机、电视机、通信终端等"版权硬件"，与相互依存的版权产业关系密切，计算机、电视机等制造业占到佛山市相互依存的版权产业增加值的

---

[1] 广州日报.又一巨头来了！欢聚集团产业互联总部落户佛山三龙湾南海片区.https://baijiahao.baidu.com/s?id=1691117131844892658&wfr=spider&for=pc.

[2] 南方日报.南海电竞的进击之路.https://baijiahao.baidu.com/s?id=1745320511167209731&wfr=spider&for=pc.

一半以上。

电子信息产业不仅是佛山市版权产业的重要组成部分，也是佛山市"十四五"时期加快发展的战略性支柱产业和重点打造的两个冲五千亿产业集群之一，区位优势明显、发展基础良好，拥有广阔的发展前景，近年来取得一定的发展成绩。尽管如此，佛山市软件和信息技术服务业、新型显示产业在产业规模、发展水平、核心技术等方面与粤港澳大湾区其他城市相比仍存在一定差距。

（一）软件产业集群效应初显

近年来，佛山市软件和信息技术服务业产业规模不断壮大，创新能力有所增强。2021年，佛山市软件业务收入总额169.17亿元，比上年增长10.86%[1]；全市涉软企业超250家，受疫情影响全市软件和信息技术服务业从业人员有所减少，但软件研发人员大幅增长[2]。

佛山市软件产业集群效应在南海区、顺德区和禅城区初步显现，特别是广东省（佛山）软件产业园成为全市软件企业最为集中的区域之一，培育了一批本土优秀企业，入驻企业从最早的26家增长至目前的约250家，其中包括22家高新技术企业，3家企业通过国际"CMMI三级"认定，拥有21家"双

---

[1] 《佛山年鉴》编纂委员会.佛山年鉴2022[M].北京：方志出版社，2022：240.

[2] 《佛山年鉴》编纂委员会.佛山年鉴2022[M].北京：方志出版社，2022：236.

软企业"或"计算机信息系统集成资质三级企业",1家新三板挂牌企业[①]。广东省(佛山)软件产业园不仅设立了4大专业技术公共服务平台,服务企业发展,近年来还引进佛山市清美工业设计策略与原型创新研究所、佛山设计联合会、粤港澳大湾区设计联盟以及一批大数据、工业设计企业等,推动软件园区与全市制造业更好结合,助力提升全市数字经济发展水平。目前,软件园区企业已在健康医疗、城市大脑、信创安全、工业互联网等领域发展取得一定成绩。

随着软件产业的快速发展,佛山市计算机软件著作权登记数量再创新高,行业应用软件和新兴领域软件登记数量增长较快。2021年,佛山市共登记计算机软件著作权10880件,连续3年位居全省第3位,位居全国第33位。在数字经济发展的带动作用下,游戏软件、医疗软件、金融软件、信息安全软件、教育软件和小程序均有不同程度增长,其中,医疗软件和小程序登记数量两年平均增速均超过20%。新兴领域软件登记数量增速较快,2021年全市物联网软件共登记381件,两年平均增速31.30%,是增长最快的软件类别,云计算软件、VR软件增速均超过20%,AI(人工智能)软件、大数据软件增速也超过15%。[②]

[①] 南方日报.佛山软件产业园:争做数字经济发展排头兵. https://static.nfapp.southcn.com/content/202206/18/c6599905.html.

[②] 数据来源:佛山市版权局、佛山市版权保护协会《佛山市著作权登记白皮书(2021)》。

（二）视听电子产品制造加快发展

2021年，佛山市电子信息制造业实现产值828.9亿元，比上年增长2.2%[①]。佛山市电子信息制造业主要集中在电子元器件的生产，与版权产业关系较为密切的新型显示在行业中所占比重较小。

近年来，佛山市电子信息制造业加快融入粤港澳大湾区建设，与湾区其他城市合力打造电子信息产业集群，推动超高清视频产业的发展。2019年，广州市和佛山市联合出台《关于广州市、佛山市合作共建新一代信息技术产业集群的工作方案》，在超高清视频产业等领域深化产业协同，提升广佛同城化产业合作层次。2021年，广州市、佛山市和惠州市联合培育的广佛惠超高清视频和智能家电产业集群成功入围工信部公布的25个先进制造业集群决赛优胜者名单，成为全国首个跨区域跨领域建设的先进制造业产业集群。

随着广佛惠超高清视频和智能家电产业集群建设的加快推进，佛山市电子信息整机制造能力得到提升，产业规模得到壮大。2021年，佛山市计算机制造实现增加值6.3亿元，通信设备制造实现增加值8.7亿元，非专业视听设备制造实现增加值13.9亿元，广播电视设备实现增加值1.6亿元，智能消费设备

[①] 《佛山年鉴》编纂委员会.佛山年鉴2022[M].北京：方志出版社，2022：239.

第三章　2021年佛山市版权产业主要行业发展情况

制造实现增加值1.2亿元[①]。特别是电视整机制造发展较快，全市拥有电视制造业相关企业13家，涌现出朝野集团、奥康电器、通和电子、希普科技等制造能力突出的电视生产企业。其中，朝野集团是全球专业的家用电视生产厂家，拥有家用电视、商用显示器、小家电、医疗科技四大核心板块，产品销往110多个国家和地区，在非洲、东南亚、俄罗斯等国家和地区市场占有率长期第一[②]。

佛山市电子信息制造业出口也实现快速增长。2021年，以电视机、智能手机、计算机等为代表的佛山市视听电子产品[③]出口增长迅速，商品出口额为13.31亿美元，比2019年增长3.73倍；其中，电视机、智能手机等类似设备的商品出口额为10.07亿美元，比2019年增长2.92倍；计算机及其设备的商品出口额为3.24亿美元，比2019年增长11.96倍。

五、泛家居

泛家居产业由家具、陶瓷建材、纺织服装、五金等行业组成，是佛山市起步最早、分布最广泛、产业链最完整的产业。泛家居产业的创新发展与版权密切相关，样式、花色、造型等

[①]《佛山年鉴》编纂委员会.佛山年鉴2022[M].北京：方志出版社，2022：263.
[②]《佛山年鉴》编纂委员会.佛山年鉴2022[M].北京：方志出版社，2022：240.
[③] 主要包括电视机、智能手机等类似设备和计算机及其设备两个产业组。

原创设计为佛山市家具、陶瓷、纺织服装行业赋予了版权附加值，也成为泛家居产业创新发展的重要竞争力。依托创新发展，佛山市泛家居产业从改革开放初的依靠劳动密集型模式，逐渐向知识密集型转变，全国竞争力也得到增强。在这一过程中版权发挥了重要作用，泛家居产业也成为佛山经济高质量发展和传统制造业转型升级的典型代表。如今，泛家居产业是佛山市"十四五"时期重点打造的两大超万亿级产业集群之一，在全市发展中的地位日益凸显。

（一）产业规模位居全国前列

佛山市泛家居产业作为全市传统优势行业和重要支柱产业，产业规模巨大，2020年泛家居产业产值达10719亿元[①]。泛家居产业也是佛山市各区重要的支柱产业。以南海区为例，南海区前十大重点产业中有七个与泛家居产业密切相关，工业产值超过3000亿元，拥有市场主体4万多户，其中，企业近3万家，上市企业8家，从业人员超过50万人，拥有定制家居龙头企业维尚家具、陶瓷行业第一股蒙娜丽莎、全国电商领军者林氏木业等知名企业。南海区泛家居产业已创建纺织、五金2个国家级产业集群升级示范区和内衣、陶瓷、梭织面料等5个全国知名品牌创建示范区。[②]

[①] 羊城晚报.打造万亿级泛家居产业集群.http://ep.ycwb.com/epaper/ywdf/html/2021-10/15/content_542_435178.htm.
[②] 南方日报.佛山南海：打造万亿泛家居产业集群.https://static.nfapp.southcn.com/content/202103/30/c5029584.html.

第三章　2021年佛山市版权产业主要行业发展情况

佛山市泛家居产业在全国也有巨大的影响力，发展水平全国领先。如今，佛山市拥有"中国家电之都""中国陶瓷名都"和"家具材料之都"等称号，培育出蒙娜丽莎、箭牌家居、溢达纺织、佛山照明等上市公司、行业龙头企业以及一批细分行业的冠军，在全国乃至全球占据重要地位，形成"有家就有佛山造"的行业美誉。

佛山市陶瓷产业已形成装备制造、陶瓷化工、陶瓷生产、产品研发、物流运输、终端零售、陶瓷文化旅游等完整的产业体系，全产业链条优势凸显，是全国乃至全球最大的陶瓷生产基地之一，拥有蒙娜丽莎、欧神诺、恒洁卫浴等龙头企业。科达、新明珠、箭牌、东鹏、蒙娜丽莎、道氏技术、宏宇、新锦成、欧神诺等9家陶瓷企业入选2022年佛山企业100强榜单。2021年，佛山市陶瓷工业总产值达914.89亿元，同比增长12%；陶瓷砖产量9.73亿平方米，同比增长8.3%[1]。

佛山是国内最大、品类最全的家具产业集聚地，涵盖产品设计、生产、销售、原辅材料供应等各个环节，约占国内20%的市场份额。全市现有家具制造企业8000余家，其中，规模以上企业472家，知名企业有维尚家具、联邦家私和林氏木业等，产品销往全球50多个国家和地区，荣获"中国家具材料

---

[1] 佛山市陶瓷学会.《佛山陶瓷年鉴2021年》正式发布2021年佛山陶瓷工业产值914亿元.https://mp.weixin.qq.com/s?__biz=MzA4NDYyODg2MA==&mid=2659615142&idx=1&sn=d7c0837bb5010d3cc5ab2f81d8345a65&chksm=849665b5b3e1eca305201ce458b3e108e799cd35bdee6a551fc6662de468f235b7b9a495747b&scene=27.

之都""中国家具商贸之都"等称号。2021年,佛山市家具行业实现增加值132.3亿元,比上年增长3.4%,家具行业增加值占全省的25.1%;全年生产家具4836.9万件,占全省的21.3%[1]。

佛山是全国纺织品出口基地之一,产业链上下游配套完善,目前共有纺织、服装行业规模以上企业812家[2]。佛山市纺织服装产业分布呈明显的集群特征,形成了大塘印染、张槎针织、盐步内衣、西樵面料、均安牛仔、环市童服、里水袜子等纺织服装产业基地,并形成了相关的纺织服装专业市场,在国内有着广泛的影响力。2021年,佛山市纺织服装业实现增加值279.7亿元,比2020年增长7.1%;佛山纺织服装业增加值占全省的23.4%;全年生产布匹4.8亿米,占全省的18.6%[3](详见表3-1)。

---

[1] 《佛山年鉴》编纂委员会.佛山年鉴2022[M].北京:方志出版社,2022:274.

[2] 《佛山年鉴》编纂委员会.佛山年鉴2022[M].北京:方志出版社,2022:275.

[3] 《佛山年鉴》编纂委员会.佛山年鉴2022[M].北京:方志出版社,2022:275.

表 3-1　2021 年佛山市主营业务收入超 10 亿元的泛家居企业[①]

2021 年主营业务收入	所属行业	企业名称
50 亿—100 亿元	陶瓷	蒙娜丽莎集团股份有限公司
	陶瓷	广东新明珠陶瓷集团有限公司
	纺织	广东溢达纺织有限公司
20 亿—50 亿元	陶瓷	佛山欧神诺陶瓷有限公司
	陶瓷	恒洁卫浴集团有限公司
	纺织	佛山市顺德区前进实业有限公司
	纺织	创莱纤维（佛山）有限公司
	家具	佛山维尚家具制造有限公司
	家具	广东林氏家居股份有限公司
10 亿—20 亿元	陶瓷	箭牌家居集团股份有限公司
	陶瓷	佛山市高明安华陶瓷洁具有限公司
	纺织	佛山科勒有限公司
	纺织	佛山市智布互联纺织有限公司
	家具	大自然家居（中国）有限公司
	家具	佛山市欧康家具有限公司

（二）打造设计与品牌新优势

长期以来，佛山市泛家居产业主要集中在生产加工环节，设计、品牌等高附加值环节发展较为薄弱，成为制约产业发展的关键。近年来，佛山市更多的企业开始把重点放在提升原创设计能力、培育自有品牌方面，以创新作为企业未来发展的核心竞争力。

在家具领域，佛山市顺德区以提升设计能力作为推动家具产业转型升级的手段。近年来，顺德区相关镇街先后举办了顺

[①]《佛山年鉴》编纂委员会.佛山年鉴2022[M].北京：方志出版社，2022：271-276.本表剔除了一些与版权产业无关的企业。

德龙江家居设计展、龙家具国际设计大赛、中国室内设计周（佛山）等活动，并打造广东家居设计谷，推动创新资源集聚。自开园以来，广东家居设计谷已进驻国内外家居设计企业40多家，汇集设计师近500人，成为省内首个家具设计创新人才的培育基地①。2021年12月，顺德版权服务中心在龙江广东家居设计谷揭牌，通过采取线上线下相结合的方式为企业提供版权登记、展览宣传、版权交易等服务，更好提升顺德家具产业的原创设计能力和版权保护水平。

在陶瓷领域，2020年9月，佛山市陶瓷行业协会申请的"佛山陶瓷"集体商标注册成功，并于2022年7月1日发布第一批授权使用"佛山陶瓷"集体商标的24个品牌名单，通过集体商标加强对佛山陶瓷品牌的保护，扩大陶瓷行业在国内的影响力。2021年，蒙娜丽莎广西产研建筑陶瓷技术研究院、帝欧家居中央研究院、新明珠当代陶瓷研究院等纷纷成立，进一步提升了佛山陶瓷企业的研发创新能力。陶瓷企业也更加重视对设计支出的投入，其中，蒙娜丽莎2021年工业设计人员经费支出超过3000万元，同比增长23%②。佛山市陶瓷行业品牌与设计能力的提升也推动企业发展能力不断提升，促进头部企业做大做强。2021年，蒙娜丽莎、东鹏等并购或收购江西、

---

① 顺德新闻网.2021年家居行业机遇在何方？http://www.sc168.com/sh/content/2021-01/19/content_1002485.htm.
② 南方日报.近5万工业设计者集聚佛山，设计创新拉动产值超2500亿元. https://static.nfapp.southcn.com/content/202209/27/c6927150.html.

广西、重庆、山西等地企业，佛山陶瓷企业持续向外地投资扩张；箭牌家居、新明珠、顺成陶瓷等相继启动 IPO，逐渐开启资本运营模式。

在纺织服装领域，广东溢达长期以来一直为世界各大知名品牌做 T 恤衫与衬衫加工生产，近年来创造了"十如仕"等自主品牌，先后推出了纯棉免烫衬衫、汗无痕 POLO 衫等 46 款产品，并与国家宝藏合作推出联名款，与巴塞罗那俱乐部合作推出巴塞罗那官方授权正装，并在北京、上海、广东、深圳等 9 个城市开设了 10 家门店，进驻天猫、京东、微信、抖音、快手等线上平台。2021 年，"十如仕"品牌销售额增长了 125%，其中线上增长接近 300%，在集团中的业务占比越来越大[1]。广东溢达的国内贸易占比已从 2 年前的不足两成增长至 2021 年的近五成[2]。盐步内衣产业集群也已成功创立众多内衣品牌，拥有自主品牌的内衣企业约占 15%，盐步内衣品牌在国内专卖店数量近 6000 家，出口远销欧美、日韩、东南亚、南美等国家和地区[3]。

---

[1] 深圳商报.佛山：制造品牌创投三驾马车全力奔跑.https://baijiahao.baidu.com/s?id=1725975048286576285&wfr=spider&for=pc.

[2] 《佛山年鉴》编纂委员会.佛山年鉴 2022[M].北京：方志出版社，2022：275.

[3] 佛山日报.佛山纺织业要用好外力 修炼"内功".http://epaper.fsonline.com.cn/fsrb/html/2023-01/31/content_51420_242683.htm.

（三）智能制造助力提质增效

2021年以来，佛山市持续推动制造业数字化智能化转型的步伐。佛山市"十四五"规划明确提出，提升泛家居产业数字化、智能化、绿色化、高端化、个性化发展水平。《佛山市推进制造业数字化智能化转型发展若干措施》提出，将从打造标杆示范、推动产业集群改造、提高供给能力、优化服务水平和加大金融支持力度五大方面精准发力，加快制造业企业的转型步伐。佛山市第十三次党代会报告指出，未来五年规模以上工业80%实现数字化智能化转型发展。以纺织服装、陶瓷、家具等为代表的泛家居企业生产数字化转型进程加快，并取得显著成绩，泛家居产业已经成为佛山市传统制造业向先进制造业升级的重要阵地。

在家具领域，作为中国全屋家具定制行业的开创者，维尚家具在创立时就创新性地提出了数码化定制概念，开创了"大规模个性化定制生产"新模式。近年来，维尚家具先后引入了RGV线、机器人手臂、立体仓库、大数据手段以及人工智能云设计技等技术，建设控制中心、"智慧"物流中心，上线自动输送系统与自动提升系统等自动化设备，全面提升了公司定制家具的大规模柔性生产能力，成为行业内最早一批通过数字化升级赋能生产的制造业企业。经过智能化升级，维尚家具的生产效率已提升至传统模式的8—10倍，材料利用率高达93%，比行业平均水平高出8个点，出错率低于1%，远低于

第三章　2021年佛山市版权产业主要行业发展情况

行业平均水平，单位面积产量提高了50%，订单生产周期则从12天缩减至5—7天，业务年增速保持在20%以上。联邦家私则通过建设数字化综合体系，构建数据中心平台，从响应市场到设计、打样、生产、上线最快仅需30天，实现对市场需求的快速响应。①

在纺织服装领域，溢达纺织十余年来累计投入超25亿元实施工业自动化改造，目前梭织基本款男装衬衣自动化工序达77%，针织基本款T恤自动化工序可达70%，达到行业内最高水平②。洛可西西作为一家以瑜伽运动服为主营产品的设计制造商，自2017年起对生产线进行数字化改造，通过利用"二维码"关联(RFID)高频识别技术，将生产原材料和生产设备连接起来，并上线APS与3D建模系统，有效压缩采购和生产出货周期，实现对生产计划与进度的高效管理，使交货周期从传统的2—3个月压缩到"小单快反"模式下的15—25天③。东成立亿集团通过在前端、中端和后端引入数字化生产销售系统，大幅减少产销流程，使原来超10天才能完成的色布产销

---

① 南方财经全媒体.全国定制家装"扛大旗者"出自佛山，用数智化重构整体家装产业链.https://m.21jingji.com/article/20230221/herald/e3182fbabae5bbfca14be980785f3e07.html.
② 佛山日报.龙头引领创新驱动 传统行业也有"黑科技".http://epaper.fsonline.com.cn/jrgm/html/2022-09/21/content_48100_230859.htm.
③ 南方财经全媒体.佛山纺织服装出口高增长，"小单快反"模式敏捷抢市场.https://m.21jingji.com/article/20221214/herald/d2005380409e1dcc38c2f856964304a7.html.

缩短至目前的到 3—5 天[①]。

在陶瓷领域，蒙娜丽莎的自动化生产设备覆盖率已达 80% 以上，覆盖研发、设计、生产、质检、销售和市场全链条。顺成陶瓷自 2016 年起对生产线进行智能化改造，并于 2019 年引入意大利萨克米无限长连续成型大板岩板智能生产线，截至 2021 年已改造升级完成第 5 条岩板智能生产线，在实现高效智造的同时，可比市场上同类设备节约高达 80% 的能耗，大大降低了人力成本[②]。佛山东鹏陶瓷、新明珠、佛山市陶瓷产业联盟等联合推出了陶瓷产业链整合服务平台——众陶联，通过借助大数据、人工智能、区块链等技术手段，实现产业链、供应链、数据链、标准链"四链融合"，有效帮助企业降低经营成本，提升经济效益。目前，加盟众陶联的供应企业 8583 个，占中国陶瓷行业供应端企业的 62%，加盟众陶联的采购企业 705 家，占中国陶瓷企业的 61.3%，行业影响力不断扩大[③]。

六、博物馆

佛山市历史文化底蕴深厚，为博物馆事业提供了强大的文

[①] 《佛山年鉴》编纂委员会.佛山年鉴2022[M].北京：方志出版社，2022：276.
[②] 时代周报.手握全球最大泛家居产业链，佛山靠"智造"再出圈.https://mobile.time-weekly.com/v2/articles/R9DLjy.
[③] 南方网.佛山：以数字化攻克陶瓷行业痛点.https://economy.southcn.com/node_07c7517b53/6a7b6e75db.shtml.

化资源优势。近年来，佛山市提出建设博物馆之城的目标，推动博物馆事业取得快速发展，多项指标走在全省前列。博物馆行业在提供社会公共文化服务、传承佛山文化遗产、弘扬佛山文化品牌方面发挥了积极作用。

（一）博物馆之城成为靓丽名片

2021年，佛山市发布了《佛山市博物馆之城规划》，是全国首部"空间＋事业"博物馆之城规划。该规划提出依托文化底蕴与产业优势，打造"两核、两轴、一带、多群"的佛山博物馆之城总体布局，到2025年佛山市域范围内完成建设博物馆（陈列馆、名人故居）204家、美术馆（艺术馆）102家。佛山市加快博物馆之城建设步伐，博物馆事业多项指标走在全省乃至全国前列。

根据广东省文化和旅游厅发布的《广东省2021年度博物馆事业发展报告》，佛山市博物馆事业发展水平位居全省前列。2021年，佛山市已备案的博物馆共有27家，位居全省第3；国家级博物馆共5家，数量居全省第4位，其中国家二级博物馆3家，国家三级博物馆2家。

从藏品数量上看，佛山市博物馆、佛山市顺德区博物馆、广东大观博物馆、佛山市岭南金融博物馆在藏品数量、珍贵文物、馆藏一级文物方面位列全省前10。其中，佛山市博物馆藏品数量高达3.15万件/套，位居全省第7。在珍贵文物数量方面，佛山市博物馆有6293件/套，位居全省第2；佛山市顺德区博物馆有2096件/套，位居全省第9。在馆藏一级文物数量排名中，广东大观博物馆、佛山市岭南金融博物馆分别以405件/套、74件/套位居全省第2和第7。

从参观人数上看，佛山有两家博物馆上榜2021年度全省观众数量排名前10。其中，佛山市顺德区清晖园2021年度观众数量达109.35万人次，居全省第7，比上年增加39.35万人次；佛山市祖庙博物馆2021年度观众数量达81.52万人次，居全省第9，比上年增加4.08万人次。①

近年来，佛山市还通过各项措施，积极培育壮大非国有博物馆，市、区合力形成全覆盖、差异化、可持续的扶持体系，非国有博物馆扶持力度居全国前列，相关指标位居全省前列②。2021年，佛山市非国有博物馆数量已达18家，比上年增加2家，数量居全省第2；佛山市有4家非国有博物馆位居全省非国有博物馆珍贵文物数量排名前10，其中，广东大观博物馆以584件/套珍贵文物排名全省之首，佛山市岭南金融博物馆、佛山市禅城区知行古灯博物馆、佛山市岭南酒文化博物馆分别位居全省第3、第7和第9。③

---

① 数据来源：广东省文化和旅游厅《广东省2021年度博物馆事业发展报告》。
② 中国文化报．广东佛山非国有博物馆：从靠"输血"变"造血"．https://www.mct.gov.cn/whzx/qgwhxxlb/gd/202205/t20220513_932971.htm.
③ 数据来源：广东省文化和旅游厅《广东省2021年度博物馆事业发展报告》。

（二）文博活动彰显岭南文化底蕴

2021年，佛山市博物馆行业通过各项创新举措举办线上线下相结合的文博活动，积极发挥博物馆的社会教育服务功能，在讲好佛山故事、弘扬佛山文化方面产生较好作用。2021年，佛山市博物馆在做好疫情防控前提下，主动走进校园、爱心学堂、图书馆、书店、古村等，开展24场"博物论坛"讲座，将佛山历史文化、非物质文化遗产和最新的研究成果带到市民身边。佛山市还发布了AR数字博物馆新互联平台，利用三维模型重建算法、即时语音通讯以及远程互动协作系统，已有佛山祖庙博物馆、南海博物馆、三水博物馆、福厚博物馆、陈铁军故居等22个博物馆建成虚拟数字展厅，市民可线上体验720度观看展品、实时导赏讲解等服务，大大提升了观众的参观体验[①]。

2021年，佛山市各级博物馆举办了各类红色文物展览，把博物馆打造成为党史学习教育的"主阵地"，为庆祝中国共产党成立100周年营造良好氛围。谭平山生平展、看万山红遍——佛山革命文物展等4场红色题材展览入选2021年佛山文博十件大事。其中，高明区博物馆举办的"谭平山生平展"全面展现谭平山在五四运动、建党建团、南昌起义、筹建新中国和廉政建设等方面的贡献，共展出实物展品101件/套，使

---

① 《佛山年鉴》编纂委员会.佛山年鉴2022[M].北京：方志出版社，2022：384.

用史料 1216 条，许多史料为首次公开，累计接待游客近 10 万人次，是高明区近年来活化利用红色资源、传承弘扬红色文化取得的重要成果，在第三届（2019—2020 年度）广东省博物馆陈列展览精品奖评选活动中获最具创新奖，成为此次评选活动中唯一入选的区级博物馆。佛山市祖庙博物馆举办了"看万山红遍——佛山革命文物展"，集中陈列展示了中共佛山党组织及革命先辈的光荣革命历史与事迹，入选"2021 年广东省弘扬社会主义核心价值观主题展览"和"广东省庆祝中国共产党成立 100 周年精品展览"。广东石湾陶瓷博物馆举办的"永远跟党走——庆祝中国共产党成立 100 周年石湾陶塑作品展"，将党史学习教育与特色陶艺文化相结合，通过 100 余件陶艺作品展示了中国共产党百年历史的波澜壮阔和辉煌成就，并推出纪录片《石湾陶讲党史》，取得良好的社会效果。①

佛山市各家非国有博物馆则依托自身行业特色，充分利用各自的文物藏品优势，在各自领域形成独特的文化品牌，行业影响力进一步扩大。广东大观博物馆·佛山市岭南金融博物馆作为广东唯一一家由省文化和旅游厅作为业务主管单位的非国有博物馆，拥有大量一级文物，藏品达 1.2 万余件，特别是中国古代青铜镜和纸币门类收藏方面在全国博物馆中首屈一指，近年来举办了"红色金融暨革命文物展""红色货币：从苏维埃国家银行到中国人民银行""梦里汉唐风·水乡芳华韵——汉

---

① 佛山日报.2021 年度佛山文博十件大事、非遗十件大事揭晓.http://www.fsonline.com.cn/p/296789.html.

唐丝路文物精品展"等特色展览活动，深受观众好评。九江双蒸博物馆作为国家 3A 级旅游景区，每年吸引参观游客超过 10 万人次，并结合省级非遗项目九江双蒸酒传统酿造技艺，设计推出了"小小酿酒师"等研学游课程，还组织非遗传承人到学校开设公益讲座，研发了十几款特色文创产品，取得良好的社会效应和经济效益。据不完全统计，佛山市非国有博物馆年均举办公益展览近 80 场次、公益社教活动近 160 场次、服务市民 170 余万人次。[①]

[①] 中国文化报.广东佛山非国有博物馆：从靠"输血"变"造血".https://www.mct.gov.cn/whzx/qgwhxxlb/gd/202205/t20220513_932971.htm.

第四章 2021年佛山市版权产业发展的总体分析

前三章对佛山市版权产业的经济贡献数据进行了测算，对版权产业主要行业的发展情况进行了梳理，根据上述经济数据和行业情况，本章对2021年佛山市版权产业发展的总体特点进行分析总结。

一、版权产业保持增长态势，占全市GDP比重稳步提升

2021年，佛山市统筹疫情防控和经济社会发展，各地区各部门相继出台各项助企纾困政策措施，减少疫情对行业发展的影响，佛山市版权产业实现平稳发展。

2021年，佛山市版权产业的行业增加值为824.08亿元人民币，比2019年增长16.08%，高于同期全市GDP增速3.01个百分点；佛山市版权产业在全市GDP中的比重提高至6.78%，比2019年提高0.18个百分点，为全市经济运行保持稳中向好态势提供有力支撑（详见图4-1）。

第四章　2021年佛山市版权产业发展的总体分析

从行业规模来看，佛山市版权产业的经济贡献主要来自核心版权产业中的新闻出版、设计、软件、广告、影视以及非核心版权产业中的纺织服装、陶瓷、家具、电子信息制造等。这些行业构成佛山市版权产业发展的主体，增长较为显著。

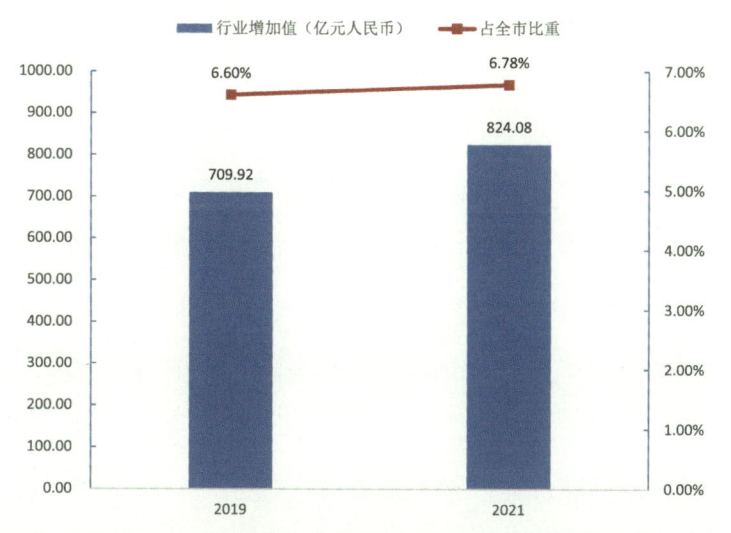

图 4-1　2019—2021 年佛山市版权产业的行业增加值及占全市比重

二、核心版权产业方兴未艾，助力制造业创新发展

2021 年，佛山市核心版权产业行业增加值为 463.32 亿元人民币，比 2019 年增长 15.82%；核心版权产业行业增加值在全市 GDP 中占比 3.81%，比 2019 年提高 0.09 个百分点（详见图 4-2）。

2021 年佛山市核心版权产业主要行业保持良好发展势头，佛山文艺作品的知名度进一步提升。全市印刷业总产值比

2019年增长10.97%，产业规模位居全省前列①。全市影视企业数量增长迅速，截至2021年底影视制作企业已达1430家，比2016年增长约20倍②；全年观影人数同比增长124.14%，电影票房同比增长超过130%，电影消费市场得到恢复③；佛山参与出品的影视作品影响力进一步增强，儿童电影《红尖尖》入围第34届中国电影金鸡奖最佳儿童片提名，全国首部4K粤剧电影《白蛇传·情》成为全国戏曲电影票房冠军④，由佛山人担任编剧的动画电影《雄狮少年》票房收入突破2亿元⑤。全市软件业务收入同比增长10.86%⑥，计算机软件著作权登记数量再创新高。游戏电竞产业引进扶持力度加大，推动欢聚时代、虎牙等一批游戏电竞头部企业落户佛山。优秀文艺创作不断涌现，《鸿胜馆》《将军令》将"功夫"与"粤剧"两张文化名片有机结合，取得良好的社会效益。

以创新为主要特征的核心版权产业还为佛山市制造业高质量发展提供了重要支撑。以工业设计为例，佛山市工业设计

---

① 数据来源：佛山市委宣传部。
② 《佛山年鉴》编纂委员会.佛山年鉴2022[M].北京：方志出版社，2022：424.
③ 南方影视中心.60.16亿、165.55亿……大湾区电影为何总拿第一? http://www.gollywood.tv/index2017/xwzx/202203/t20220322_6387834.html.
④ 南方日报.《白蛇传·情》登顶 戏曲电影票房冠军.https://baijiahao.baidu.com/s?id=1746445707713144147&wfr=spider&for=pc.
⑤ 新京报.小小少年勇敢向前！电影《雄狮少年》票房破2亿.https://baijiahao.baidu.com/s?id=1720911879016347436&wfr=spider&for=pc.
⑥ 《佛山年鉴》编纂委员会.佛山年鉴2022[M].北京：方志出版社，2022：240.

行业依托当地制造业的雄厚实力，不仅培育了宏翼等一批专业设计公司，还带动陶瓷、家具等佛山优势行业发展工业设计，例如蒙娜丽莎2021年工业设计人员经费支出超过3000万元，同比增长23%[1]，工业设计行业取得长足发展。2021年，全市工业设计从业人员增至约5万人，比2016年翻了1.5倍[2]，新增3家国家级工业设计中心和26家省级工业设计中心，数量位居全省前列[3]，泛家居领域工业设计水平全国领先。佛山市积极推动工业设计成果的落地转化，帮助企业开发高附加值产品，一大批企业借助工业设计实现快速发展，市场竞争力不断增强。"市长杯"工业设计大赛作为成果转化的重要平台，有效推动了设计与产业的融合，促进当地制造业与设计协同发展，2021年"市长杯"参与作品中的1/3已实现产业化，经济效益超100亿元[4]。广东工业设计城集聚了300多家国内外知名机构和近9000名设计师[5]，为珠三角乃至全国制造业提供了丰富

---

[1] 南方日报.近5万工业设计者集聚佛山，设计创新拉动产值超2500亿元.https://static.nfapp.southcn.com/content/202209/27/c6927150.html.
[2] 南方日报.近5万工业设计者集聚佛山，设计创新拉动产值超2500亿元.https://static.nfapp.southcn.com/content/202209/27/c6927150.html.
[3] 佛山市网络安全和信息化协会.2021年佛山工业设计周开幕，"市长杯"优秀作品集中亮相.https://baijiahao.baidu.com/s?id=17200217869037623 92&wfr=spider&for=pc.
[4] 佛山市网络安全和信息化协会.2021年佛山工业设计周开幕，"市长杯"优秀作品集中亮相.https://baijiahao.baidu.com/s?id=17200217869037623 92&wfr=spider&for=pc.
[5] 南方日报.近5万工业设计者集聚佛山，设计创新拉动产值超2500亿元.https://static.nfapp.southcn.com/content/202209/27/c6927150.html.

的创新设计资源，推动 IP 产品与当地制造业融合发展。工业设计已成为引领佛山制造业创新发展的新动能。除工业设计外，核心版权产业中的动漫、软件等行业也为佛山市泛家居、玩具等行业创新发展提供了有力支撑。

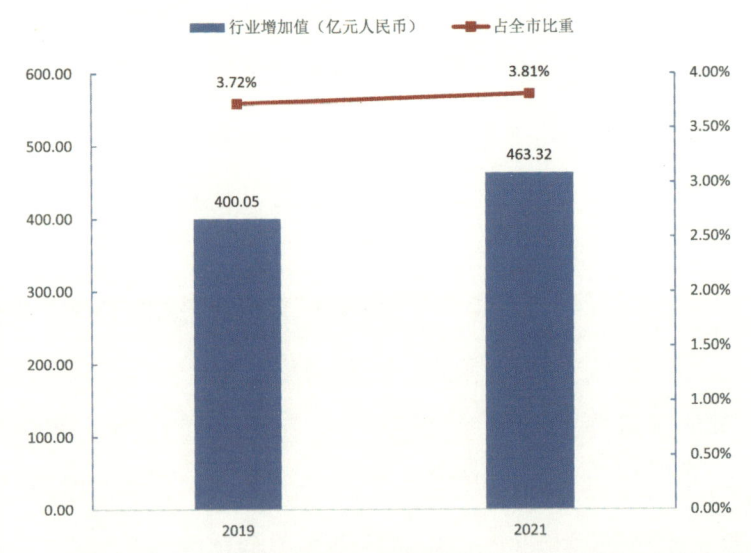

图 4-2　2019—2021 年佛山市核心版权产业的行业增加值及占全市比重

三、泛家居产业驰名中外，数字化智能化转型加速

以纺织服装、家具、陶瓷等为代表的泛家居产业，既是佛山市重要的支柱产业，也是版权产业的重要组成部分。"中国陶瓷名都"、"中国家具材料之都"、张槎针织、盐步内衣、西樵面料、均安牛仔、环市童服、里水袜子等佛山家居品牌享誉全国，并拥有一批行业龙头企业。佛山市纺织服装、家具、陶瓷等产业规模位居全国前列，也是广东省重点培育的十大战

略性支柱产业之一——现代轻工纺织集群的重要组成部分。2021年，佛山市纺织服装行业和家具行业增加值均占到全省的四分之一左右[①]。

佛山市作为全国唯一的制造业转型升级综合改革试点，近年来深入推进纺织服装、家具、陶瓷等制造业数字化改造、智能化生产，初步打造了一批数字化智能化标杆企业。2021年，维尚家具、溢达纺织等4家企业入选市级数字化智能化示范工厂，新光针织、浪登服装、玛格家居等13家企业入选市级数字化智能化示范车间，泛家居产业入选企业数量位居各行业前列。佛山家居企业通过数字化智能化升级改造，不仅大幅缩短了订单生产周期，也为用户提供了更具针对性的原创设计方案，产品版权附加值得到提升，企业收入快速增长，在家居个性化定制、柔性化生产方面走在全国同行业前列。

例如，维尚家具作为行业内最早一批通过数字化升级赋能生产的家居企业，通过智能化升级使生产效率大幅提升，订单生产周期从12天缩减至5—7天，带动业务年增速保持在20%以上，成为全国定制家居行业的领头羊[②]；溢达纺织作为国内最大的衬衫生产企业之一，早在十年前就启动工业自动化改造，目前梭织基本款男装衬衣自动化工序达77%，针织基本款T恤

[①] 《佛山年鉴》编纂委员会.佛山年鉴2022[M].北京：方志出版社，2022：274-275.

[②] 南方财经全媒体.全国定制家装"扛大旗者"出自佛山，用数智化重构整体家装产业链.https://m.21jingji.com/article/20230221/herald/e3182fbabae5bbfca14be980785f3e07.html.

自动化工序达 70%，达到行业内最高水平，可实现最短七天从纱线到成衣的快速交付[①]；陶瓷产业链整合服务平台"众陶联"通过借助大数据、人工智能、区块链等技术手段，打通产业链、供应链、数据链、标准链，降低企业的生产成本，每年可为行业降低采购成本 10% 以上[②]。

四、版权产业出口攀升，视听电子产品输出势头强劲

近年来，佛山市进一步深化对外经贸往来，越来越多的佛山产品走向世界，版权产业出口快速增长。2021 年，佛山市版权产业商品出口额已达 56.87 亿美元，比 2019 年增长近 2 倍，2019—2021 年间年均增长 72.08%，高于同期全市出口总额年均增速 52.49 个百分点；版权产业商品出口额在全市出口总额中占比为 7.35%，比 2019 年提高 3.80 个百分点（详见图 4-3）。

2021 年佛山市版权产业出口商品以视听电子产品和玩具、陶瓷、纺织服装、家具等家居产品为主。这些产品的出口额占到了佛山市版权产业出口额的九成以上。

随着佛山市加大对新型显示产业的扶持力度，加快融入广

---

① 佛山日报.龙头引领创新驱动 传统行业也有"黑科技".http://epaper.fsonline.com.cn/jrgm/html/2022-09/21/content_48100_230859.htm.
② 南方网.佛山：以数字化攻克陶瓷行业痛点.https://economy.southcn.com/node_07c7517b53/6a7b6e75db.shtml.

佛惠超高清视频产业集群，有效带动以电视机、计算机等为代表的视听电子产品走向国际市场，视听电子产品成为佛山市版权产业中出口增长最为迅速的商品。2021年，佛山市视听电子产品的出口额为13.31亿美元，比2019年增长了3.73倍，2019—2021年期间年均增长117.43%。

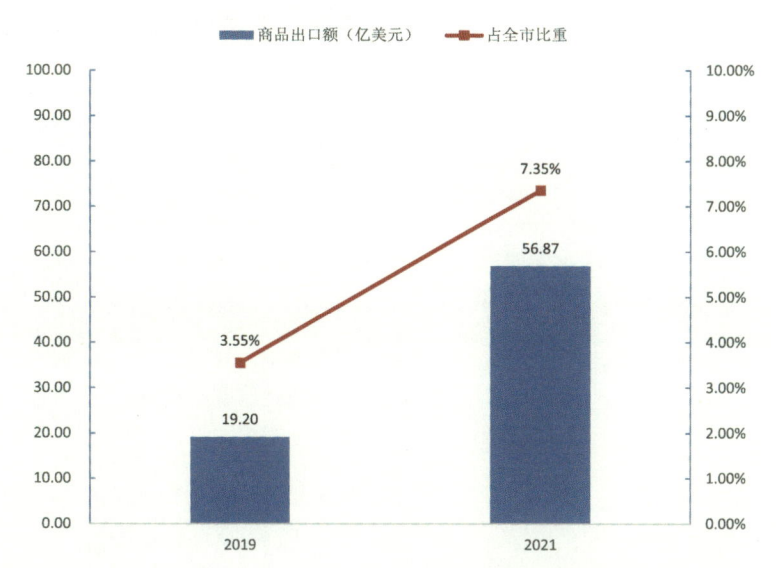

图4-3　2019—2021年佛山市版权产业的商品出口额及占全市比重

五、版权助推产业创新，优秀版权作品持续涌现

2021年，佛山市以创建全国版权示范城市为引领，相继出台《佛山市创建全国版权示范城市两年行动计划（2021—2022年）》《佛山市版权发展"十四五"规划》《佛山市版权示范单位、园区和优秀版权作品认定资助办法》等政策文件，建立健全版权全链条保护机制，推动成立佛山版权中心和版权

产业发展联盟等平台，积极构建基层版权服务网络，版权工作水平走在全国前列。

佛山市版权工作持续深入开展，促使社会各界更加重视版权价值，全市版权创造、运用和保护能力得到提升，著作权登记数量实现快速增长。2021年，佛山市著作权登记总量突破2.5万件，同比增长25%，其中作品著作权登记总数居全省第2，计算机软件著作权登记总数居全省地级市首位（详见图4-4）。佛山市版权产业规模较大的行业，如家纺、陶瓷、玩具、服装等登记数量较多，医疗软件、小程序、物联网软件、云计算软件、VR软件等热点和新兴软件领域登记数量保持较快增长。[①]

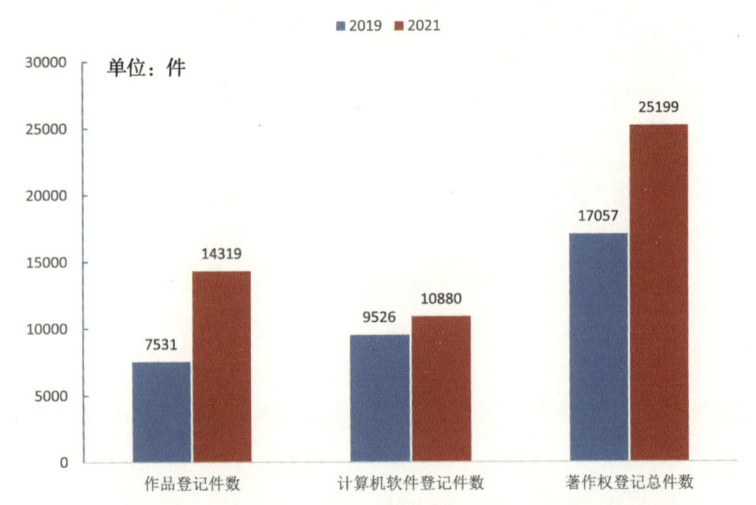

图4-4　2019—2021年佛山市著作权登记数量

[①] 数据来源：佛山市版权局、佛山市版权保护协会《佛山市著作权登记白皮书（2021）》。

第四章　2021 年佛山市版权产业发展的总体分析

近年来，佛山市版权产业更加重视原创设计，版权成为产业创新创造的新动能，创新成为企业的核心竞争力，有影响力的佛山版权企业和优秀作品持续涌现。2021 年，佛山市 2 家企业获"全国版权示范单位"称号，入选数量为全国地级市最多；3 家单位（园区）获广东省版权兴业示范基地称号，占全省总数的 30%；4 件作品获广东省最具价值版权作品称号，占全省总数的 20%[①]。

[①] 珠江时报.2021 年度佛山版权十件大事出炉！看看都有哪些.https://baijiahao.baidu.com/s?id=1721700544081359973&wfr=spider&for=pc.

附　录　版权产业的具体分类

附表1　与国民经济行业分类对应的核心版权产业具体分类

主要产业组	子　组	行业代码	类别名称
文字作品	作家作者	8810	文艺创作与表演
	译者	7294	翻译服务
	报纸出版	8622	报纸出版
	新闻社等	8610	新闻业
	杂志／期刊出版	8623	期刊出版
	图书出版	8621	图书出版
	数字出版	8626	数字出版
	问候卡和地图，工商名录和其他印刷品	8629	其他出版业
	图书、杂志、报纸和广告材料的印前样、印刷样和印后样	2311	书、报刊印刷
		2312	本册印制
		2319	包装装潢及其他印刷
		2320	装订及印刷相关服务
		7293	办公服务
	报纸和文学作品的批发和零售（书店、报刊亭）	5143	图书批发
		5144	报刊批发
		5243	图书、报刊零售
		7124	图书出租
	图书馆	8831	图书馆

附　录　版权产业的具体分类

（续表）

主要产业组	子　组	行业代码	类别名称
音乐、戏剧制作、曲艺、舞蹈和杂技	曲作家、词作家、改编者、舞蹈指导、导演、演员和其他人员	8810	文艺创作与表演
		8870	群众文体活动
		9011	歌舞厅娱乐活动
		9012	电子游艺厅娱乐活动
		9019	其他室内娱乐活动
		9090	其他娱乐业
	音乐录音制品的制作和制造	2330	记录媒介复制
		8624	音像制品出版
		8625	电子出版物出版
		8770	录音制作
		9012	电子游艺厅娱乐活动
	音乐录音制品的批发和零售（销售和出租）	5145	音像制品、电子和数字出版物批发
		5244	音像制品、电子和数字出版物零售
		7125	音像制品出租
	艺术和文字创作的表述	8810	文艺创作与表演
	表演及相关机构（订票处、售票处）	8820	艺术表演场馆
电影和影带	编剧、导演、演员	8810	文艺创作与表演
	电影和影带的制作和发行	8730	影视节目制作
		8750	电影和广播电视节目发行
	电影放映	8760	电影放映
	影带出租和销售，包括点播	7125	音像制品出租
	相关服务	2330	记录媒介复制
广播电视	广播和电视制作和播出	8710	广播
		8720	电视
		8740	广播电视集成播控

（续表）

主要产业组	子　组	行业代码	类别名称
广播电视	有线电视传输	6321	有线广播电视传输服务
	卫星电视传输	6331	广播电视卫星传输服务
	相关服务	6322	无线广播电视传输服务
摄　影	摄影	8060	摄影扩印服务
软件和数据库	规划、编程和设计	6511	基础软件开发
		6512	支撑软件开发
		6513	应用软件开发
		6519	其他软件开发
		6531	信息系统集成服务
		6532	物联网技术服务
		6540	运行维护服务
		6560	信息技术咨询服务
		6520	集成电路设计
		6571	地理遥感信息服务
		6572	动漫、游戏数字内容服务
		6579	其他数字内容服务
	批发和零售预装软件（商业程序、视频游戏、教育程序等）	5176	计算机、软件及辅助设备批发
		5273	计算机、软件及辅助设备零售
	数据库处理和出版	6421	互联网搜索服务
		6422	互联网游戏服务
		6429	互联网其他信息服务
		6550	信息处理和存储支持服务
		6431	互联网生产服务平台
		6432	互联网生活服务平台
		6433	互联网科技创新平台
		6434	互联网公共服务平台

附　录　版权产业的具体分类

（续表）

主要产业组	子　组	行业代码	类别名称
软件和数据库	数据库处理和出版	6439	其他互联网平台
		6440	互联网安全服务
		6450	互联网数据服务
美术与建筑设计、图形和模型作品	美术与建筑设计	3032	建筑用石加工
		5146	首饰、工艺品及收藏品批发
		5246	工艺美术品及收藏品零售
		7483	工程勘察活动
		7484	工程设计活动
		8810	文艺创作与表演
	图形和模型作品	7441	遥感测绘服务
		7449	其他测绘地理信息服务
		7483	工程勘察活动
		7484	工程设计活动
		7485	规划设计管理
		7486	土地规划服务
		7491	工业设计服务
		7492	专业设计服务
		7499	其他未列明专业技术服务业
广告服务	广告代理机构、购买服务（不包括发布广告费用）	7251	互联网广告服务
		7259	其他广告服务
版权集体管理与服务	版权集体管理与服务	7231	律师及相关法律服务
		7239	其他法律服务
		7520	知识产权服务
		7284	文化会展服务
		7295	信用服务
		7296	非融资担保服务
		7299	其他未列明商务服务业

（续表）

主要产业组	子组	行业代码	类别名称
版权集体管理与服务	版权集体管理与服务	9053	文化娱乐经纪人
		9059	其他文化艺术经纪代理
		5181	贸易代理
		5183	艺术品、收藏品拍卖
		5184	艺术品代理
		8890	其他文化艺术业

附表2　与国民经济行业分类对应的相互依存的版权产业具体分类

主要产业组	行业代码	类别名称
电视机、智能手机、收音机、录像机、CD播放机、DVD播放机、磁带播放机、电子游戏设备及其他类似设备	2462	游艺用品及室内游艺器材制造
	2469	其他娱乐用品制造
	3922	通信终端设备制造
	3931	广播电视节目制作及发射设备制造
	3932	广播电视接收设备制造
	3933	广播电视专用配件制造
	3934	专业音响设备制造
	3939	应用电视设备及其他广播电视设备制造
	3951	电视机制造
	3952	音响设备制造
	3953	影视录放设备制造
	5137	家用视听设备批发
	5149	其他文化用品批发
	5177	通讯设备批发
	5178	广播影视设备批发
	5249	其他文化用品零售
	5271	家用视听设备零售
	5274	通信设备零售
	7121	休闲娱乐用品设备出租
	8131	家用电子产品修理

附　录　版权产业的具体分类

（续表）

主要产业组	行业代码	类别名称
计算机和有关设备	3911	计算机整机制造
	3912	计算机零部件制造
	3913	计算机外围设备制造
	3914	工业控制计算机及系统制造
	3915	信息安全设备制造
	3919	其他计算机制造
	3961	可穿戴智能设备制造
	3969	其他智能消费设备制造
	5176	计算机、软件及辅助设备批发
	5273	计算机、软件及辅助设备零售
	7114	计算机及通讯设备经营租赁
	8121	计算机和辅助设备修理
乐　器	2421	中乐器制造
	2422	西乐器制造
	2423	电子乐器制造
	2429	其他乐器及零件制造
	5147	乐器批发
	5247	乐器零售
	7123	文化用品设备出租
照相和电影摄影器材	2664	文化用信息化学品制造
	3471	电影机械制造
	3472	幻灯及投影设备制造
	3473	照相机及器材制造
	5149	其他文化用品批发
	5179	其他机械设备及电子产品批发
	5248	照相器材零售
	7123	文化用品设备出租
	8199	其他未列明日用产品修理业
复印机	3474	复印和胶印设备制造
	3542	印刷专用设备制造

（续表）

主要产业组	行业代码	类别名称
复印机	5179	其他机械设备及电子产品批发
	5279	其他电子产品零售
	8122	通讯设备修理
	8129	其他办公设备维修
空白录音介质	2664	文化用信息化学品制造
	5137	家用视听设备批发
纸　张	2221	机制纸及纸板制造
	2222	手工纸制造
	2223	加工纸制造
	2231	纸和纸板容器制造
	2239	其他纸制品制造
	5191	再生物资回收与批发
	5141	文具用品批发
	5241	文具用品零售

附表3　与国民经济行业分类对应的部分版权产业具体分类

主要产业组	行业代码	类别名称
服装、纺织品和制鞋	1711	棉纺纱加工
	1712	棉织造加工
	1713	棉印染精加工
	1721	毛条和毛纱线加工
	1722	毛织造加工
	1723	毛染整精加工
	1731	麻纤维纺前加工和纺纱
	1732	麻织造加工
	1733	麻染整精加工
	1742	绢纺和丝织加工

（续表）

主要产业组	行业代码	类别名称
服装、纺织品和制鞋	1743	丝印染精加工
	1751	化纤织造加工
	1752	化纤织物染整精加工
	1771	床上用品制造
	1772	毛巾类制品制造
	1773	窗帘、布艺类产品制造
	1779	其他家用纺织制成品制造
	1761	针织或钩针编织物织造
	1762	针织或钩针编织物印染精加工
	1763	针织或钩针编织品制造
	1781	非织造布制造
	1811	运动机织服装制造
	1819	其他机织服装制造
	1821	运动休闲针织服装制造
	1829	其他针织或钩针编织服装制造
	1830	服饰制造
	1921	皮革服装制造
	1923	皮手套及皮装饰制品制造
	1931	毛皮鞣制加工
	1932	毛皮服装加工
	1942	羽毛（绒）制品加工
	1951	纺织面料鞋制造
	1952	皮鞋制造
	1953	塑料鞋制造
	1954	橡胶鞋制造
	1959	其他制鞋业
	5131	纺织品、针织品及原料批发
	5132	服装批发
	5133	鞋帽批发
	5231	纺织品及针织品零售

（续表）

主要产业组	行业代码	类别名称
服装、纺织品和制鞋	5232	服装零售
	5233	鞋帽零售
	8192	鞋和皮革修理
珠宝和硬币	2438	珠宝首饰及有关物品制造
	3399	其他未列明金属制品制造
	5146	首饰、工艺品及收藏品批发
	5245	珠宝首饰零售
	5246	工艺美术品及收藏品零售
其他手工艺品	2431	雕塑工艺品制造
	2432	金属工艺品制造
	2433	漆器工艺品制造
	2434	花画工艺品制造
	2435	天然植物纤维编织工艺品制造
	2436	抽纱刺绣工艺品制造
	2439	其他工艺美术及礼仪用品制造
	3057	制镜及类似品加工
	4119	其他日用杂品制造
	5146	首饰、工艺品及收藏品批发
	5246	工艺美术品及收藏品零售
家具	2110	木质家具制造
	2120	竹、藤家具制造
	2130	金属家具制造
	2140	塑料家具制造
	2190	其他家具制造
	5139	其他家庭用品批发
	5283	家具零售
	8193	家具和相关物品修理
家庭用品、陶瓷和玻璃	1922	皮箱、包（袋）制造
	2031	建筑用木料及木材组件加工
	2032	木门窗制造

（续表）

主要产业组	行业代码	类别名称
家庭用品、陶瓷和玻璃	2033	木楼梯制造
	2034	木地板制造
	2035	木制容器制造
	2039	软木制品及其他木制品制造
	2927	日用塑料制品制造
	3041	平板玻璃制造
	3042	特种玻璃制造
	3049	其他玻璃制造
	3051	技术玻璃制品制造
	3052	光学玻璃制造
	3053	玻璃仪器制造
	3054	日用玻璃制品制造
	3055	玻璃包装容器制造
	3056	玻璃保温容器制造
	3057	制镜及类似品加工
	3059	其他玻璃制品制造
	3061	玻璃纤维及制品制造
	3062	玻璃纤维增强塑料制品制造
	3071	建筑陶瓷制品制造
	3072	卫生陶瓷制品制造
	3073	特种陶瓷制品制造
	3074	日用陶瓷制品制造
	3075	陈设艺术陶瓷制造
	3076	园艺陶瓷制造
	3079	其他陶瓷制品制造
	3373	搪瓷卫生洁具制造
	3379	搪瓷日用品及其他搪瓷制品制造
	3381	金属制厨房用器具制造
	3382	金属制餐具和器皿制造
	3383	金属制卫生器具制造

（续表）

主要产业组	行业代码	类别名称
家庭用品、陶瓷和玻璃	3389	其他金属制日用品制造
	3872	照明灯具制造
	3873	舞台及场地用灯制造
	5135	厨具卫具及日用杂品批发
	5136	灯具、装饰物品批发
	5139	其他家庭用品批发
	5165	建材批发
	5235	厨具卫具及日用杂品零售
	5236	钟表、眼镜零售
	5237	箱包零售
	5239	其他日用品零售
	5282	灯具零售
	5287	陶瓷、石材装饰材料零售
墙纸和地毯	2239	其他纸制品制造
	2437	地毯、挂毯制造
	5136	灯具、装饰物品批发
	5139	其他家庭用品批发
	5146	首饰、工艺品及收藏品批发
	5246	工艺美术品及收藏品零售
玩具和游戏用品	2451	电玩具制造
	2452	塑胶玩具制造
	2453	金属玩具制造
	2454	弹射玩具制造
	2455	娃娃玩具制造
	2456	儿童乘骑玩耍的童车类产品制造
	2459	其他玩具制造
	2461	露天游乐场所游乐设备制造
	2462	游艺用品及室内游艺器材制造
	2469	其他娱乐用品制造
	5149	其他文化用品批发
	5249	其他文化用品零售

主要产业组	行业代码	类别名称
玩具和游戏用品	7121	休闲娱乐用品设备出租
建筑、工程、调查	E	建筑业
内部装修设计	5011	公共建筑装饰和装修
	5012	住宅装饰和装修
	5013	建筑幕墙装饰和装修
博物馆	8850	博物馆
	8860	烈士陵园、纪念馆

附表4　与国民经济行业分类对应的非专用支持产业具体分类

主要产业组	行业代码	类别名称
一般批发和零售产业	51	批发业
	52	零售业
一般运输产业	53	铁路运输业
	54	道路运输业
	55	水上运输业
	56	航空运输业
	58	多式联运和运输代理业
	59	装卸搬运和仓储业
	60	邮政业
电话和互联网产业	631	电信
	6311	固定电信服务
	6312	移动电信服务
	6319	其他电信服务
	64	互联网和相关服务
	6410	互联网接入及相关服务

说明：上述各表根据《国民经济行业分类》(GB/T4754-2017)编制。

参考文献

1. 世界知识产权组织.版权产业的经济贡献调研指南[M].北京：法律出版社，2006.

2. 国家统计局国民经济核算司.中国经济普查年度国内生产总值核算方法[M].北京：中国统计出版社，2007.

3. 中华人民共和国国家统计局.中国统计年鉴2022[M].北京：中国统计出版社，2022.

4. 海关总署统计分析司.中华人民共和国海关统计商品目录（2021年版）[M].北京：中国海关出版社，2021.

5. 广东省统计局，国家统计局广东调查总队.广东统计年鉴2022[M].北京：中国统计出版社，2022.

6. 柳斌杰，阎晓宏.中国版权相关产业的经济贡献[M].北京：中国书籍出版社，2010.

7. 柳斌杰，阎晓宏.中国版权相关产业的经济贡献（2007~2008年）[M].北京：中国书籍出版社，2012.

8. 中国版权产业的经济贡献（2009年~2010年）编委会.中国版权产业的经济贡献（2009年~2010年）[M].北京：中国书籍出版社，2015.

9. 中国版权产业的经济贡献（2011~2012年）编委会.中

国版权产业的经济贡献（2011~2012年）[M].北京：中国书籍出版社，2017.

10.中国版权产业的经济贡献（2013~2014年）编委会.中国版权产业的经济贡献（2013~2014年）[M].北京：中国书籍出版社，2017.

11.中国版权产业的经济贡献（2015~2016年）编委会.中国版权产业的经济贡献（2015~2016年）[M].北京：中国书籍出版社，2017.

12.中国版权产业的经济贡献（2017~2018年）编委会.中国版权产业的经济贡献（2017~2018年）[M].北京：中国书籍出版社，2021.

13.《佛山年鉴》编纂委员会.佛山年鉴2022[M].北京：方志出版社，2022.

后　记

　　本书为中共佛山市委宣传部（佛山市版权局）委托中国新闻出版研究院开展的 2021 年佛山市版权产业的经济贡献调研项目成果。佛山市委宣传部十分重视本调研项目，在数据获取、资料搜集、行业调研、沟通协调、报告修改等方面提供了有力支持。佛山市相关行业主管部门和企事业单位也为调研工作提供了部分数据和文字资料。在此对上述部门及有关负责同志表示衷心的感谢。

　　本书的具体编写工作由中国新闻出版研究院承担，黄晓新担任主编，赵冰担任副主编，执笔人为赵冰、杨昆、郝丽美、张晓斌、杨冬梅、王卉莲、苏唯玮。由于时间仓促、能力有限，本书难免存在不当之处，恳请各位专家和读者批评指正。

本书编委会
2023 年 10 月